I0816225

el MUNDO en NÚMEROS

10 582 km²
348 m
27 DE MAYO
220 veces
60 minutos
1 M²
50 t
96 bolsas
100 KG
2900 km
3700 millones
4 días
60 m
33 °C
1995
170 €

90%
2220 km
300 millones

DK

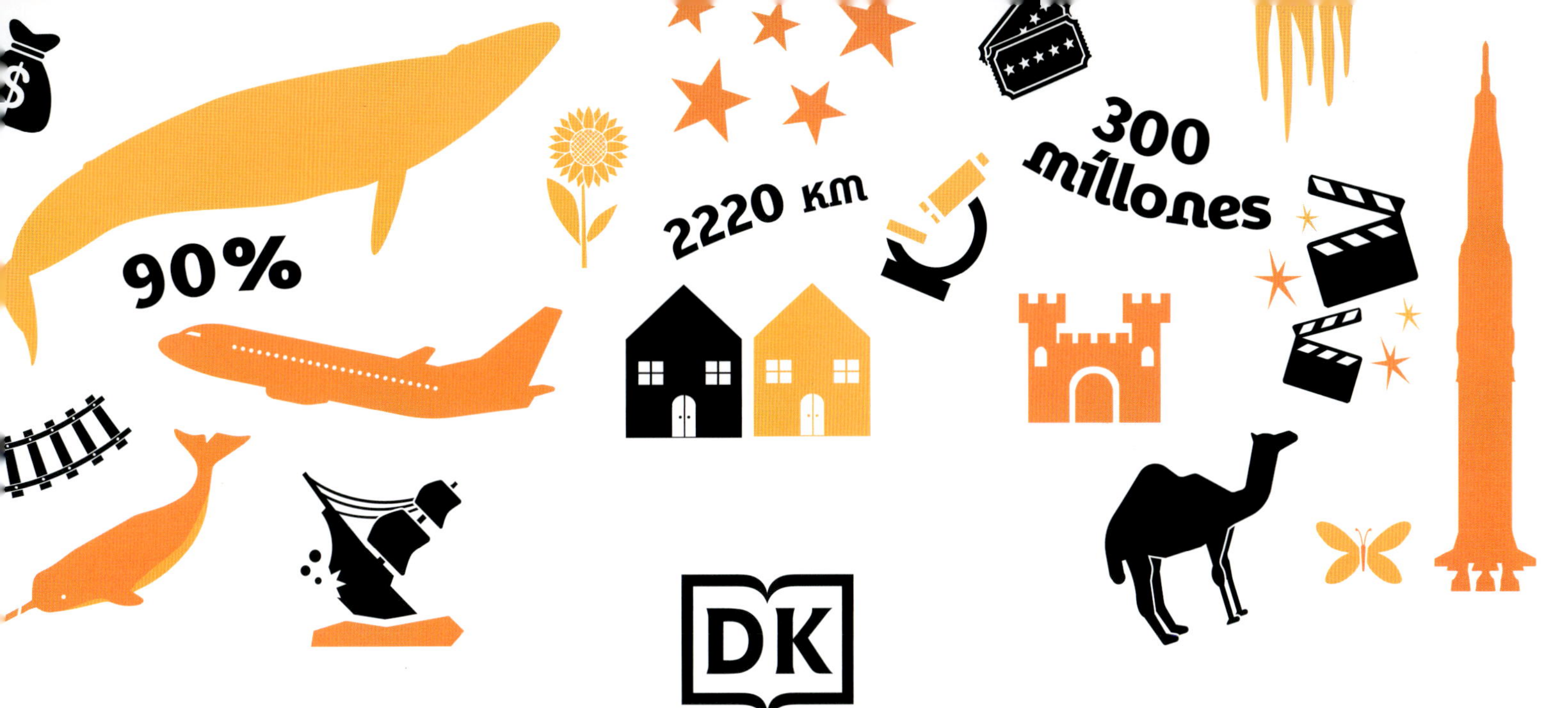

el MUNDO en NÚMEROS

Escrito por **CLIVE GIFFORD**

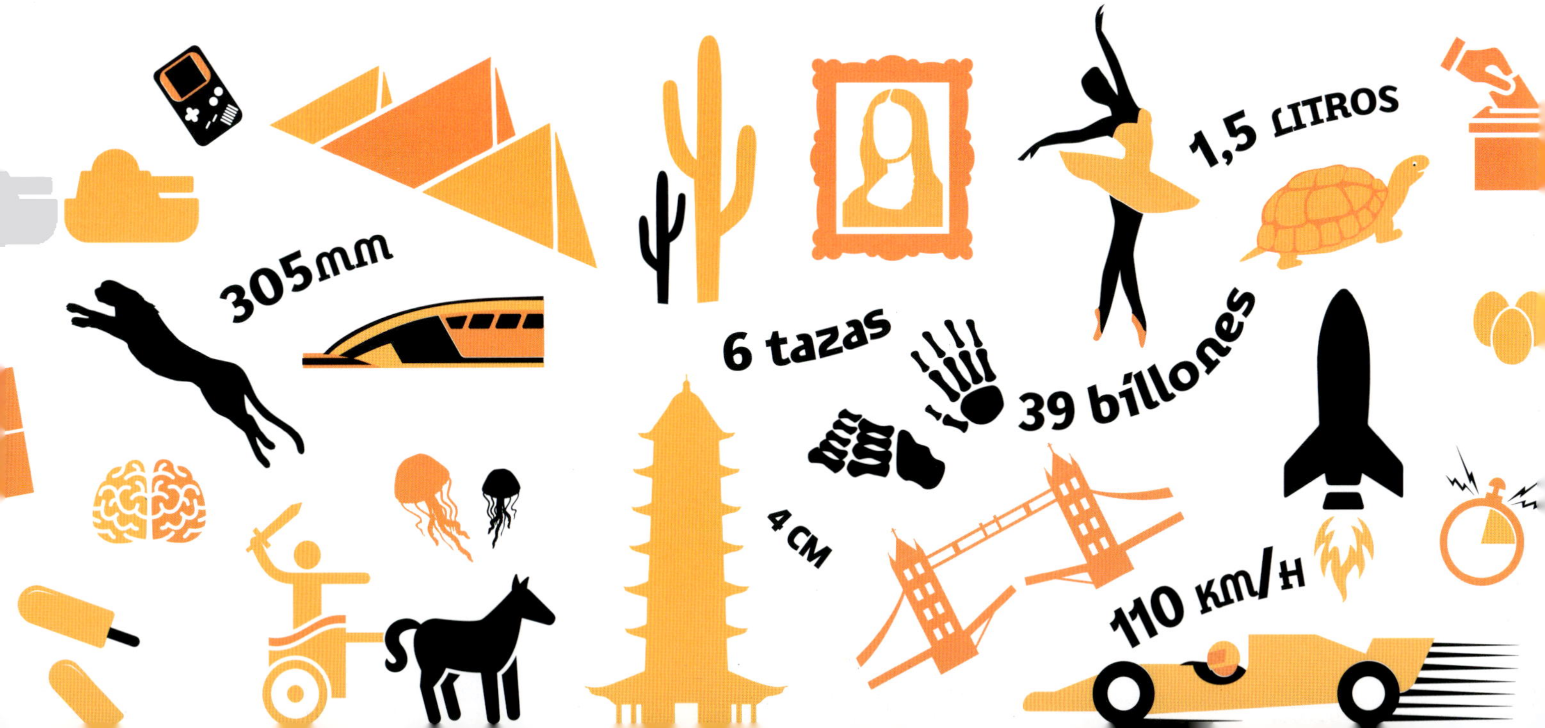
1,5 LITROS
305mm
6 tazas
39 billones
4 CM
110 KM/H

CONTENIDOS

DK LONDRES
Edición del proyecto Kelsie Besaw, Selina Wood
Edición de arte Gregory McCarthy
Edición Bharti Bedi, Priyanka Kharbanda, Vicky Richards
Diseño Jim Green, Beth Johnston, Renata Latipova, Anthony Limerick, Lynne Moulding
Búsqueda iconográfica Nick Dean, Jo Walton
Edición ejecutiva Francesca Baines
Edición ejecutiva de arte Philip Letsu
Edición de producción Jacqueline Street-Elkayam
Control de producción Sian Cheung
Diseño sénior de cubierta Suhita Dharamjit, Akiko Kato
Diseño de cubierta Tanya Mehrotra
Dirección de desarrollo de diseño de cubierta Sophia MTT
Diseño de maquetación sénior Harish Aggarwal
Coordinación sénior de cubierta Priyanka Sharma-Saddi
Edición ejecutiva de cubierta Saloni Singh
Dirección editorial Andrew Mcintyre
Dirección de arte Karen Self
Subdirección de publicaciones Liz Wheeler
Dirección de publicaciones Jonathan Metcalf

De la edición en español:
Coordinación editorial Cristina Gómez de las Cortinas
Asistencia editorial y producción Eduard Sepúlveda

Servicios editoriales Tinta Simpàtica
Traducción Anna Nualart

Publicado originalmente en Gran Bretaña en 2022
por Dorling Kindersley Limited
DK, One Embassy Gardens, 8 Viaduct Gardens,
Londres, SW11 7BW
Parte de Penguin Random House

Título original: *Our World in Numbers*
Primera edición: 2024

ISBN: 978-0-5938-4818-0

Impreso y encuadernado en China

www.dkespañol.com

Este libro se ha impreso con papel certificado por el Forest Stewardship Council™ como parte del compromiso de DK por un futuro sostenible. Para más información, visita www.dk.com/uk/information/sustainability

ESPACIO

TIERRA

NATURALEZA

GENTE Y CULTURA

HISTORIA

CIENCIA Y TECNOLOGÍA

NOTA: LOS DATOS Y LAS ESTADÍSTICAS DE ESTE LIBRO ERAN CORRECTOS EN EL MOMENTO DE SU IMPRESIÓN.

EL MUNDO EN CIFRAS

Es imposible imaginar nuestra vida sin números. Los primeros sistemas de cuenta se inventaron hace milenios, y hoy en día utilizamos números de muchos tipos para comprender mejor el mundo que nos rodea. En este libro descubrirás cientos de datos numéricos sorprendentes que responden a preguntas como estas… y muchas más.

¿CUÁNTO DURÓ el Imperio romano?

Utilizamos el tiempo para medir la historia y para llevar la cuenta de las horas, los minutos y los segundos de un día, o de los días y los meses de un año. Sin el tiempo, no podríamos contar nuestra edad ni llegar a la escuela a la hora.

¿CUÁNTAS estrellas hay?

Contar nos permite valorar casi cualquier cosa —desde el número de personas y de mascotas hasta el de estrellas y criaturas marinas— y nos ayuda a pensar en números y conceptos realmente grandes.

¿Cuánto CORRE un guepardo?

La velocidad es lo que se tarda en ir de un punto a otro. Algunas cosas se mueven muy deprisa, como los guepardos y los coches de carreras, y otras se mueven despacio, como los glaciares y los caracoles.

¿Qué ANCHURA tiene el Gran Cañón?

Las medidas para distancias cortas, como los centímetros y los metros, nos indican la anchura o la longitud de algo, mientras que las medidas largas, como los kilómetros, nos indican la distancia que tendríamos que recorrer para ir de un país a otro.

¿CUÁNTO cuesta una película?

Los números que utilizamos para el dinero pueden mostrar el valor de las cosas, desde el precio de las palomitas de maíz o de las entradas de cine hasta los presupuestos necesarios para lograr grandes éxitos de taquilla.

¿Qué PORCENTAJE de la población mundial habla chino?

Al utilizar los porcentajes, estamos describiendo una parte de un todo. Nos ayuda a entender cosas como cuántas personas de toda la población mundial hablan un idioma.

¿Qué ALTURA tiene el Burj Khalifa?

Al medir podemos saber la altura de algo, desde los rascacielos más altos hasta los picos de las montañas. La altura puede incluso ayudar a marcar el paso del tiempo, ya que medimos cuánto crecemos cada año.

ESPACIO

NASA

Los misterios del

UNIVERSO

El universo es todo lo que existe, desde la partícula atómica más pequeña hasta la galaxia más grande. Se formó hace miles de millones de años en una enorme explosión conocida como el *big bang*. Es tan grande que la luz tarda miles de millones de años en recorrerlo.

El universo tiene una antigüedad de unos

13800 MILLONES DE AÑOS.

La temperatura del universo era de

10000 MILLONES

de °C solo **1 SEGUNDO** después del

BIG BANG.

Los **PRIMEROS ÁTOMOS** se formaron

380000

AÑOS después del *big bang*.

LAS ESTRELLAS NACEN en nubes de polvo y gas: las **NEBULOSAS.** Al atraerse entre sí, forman **GALAXIAS.** IC 1101, una de las mayores galaxias conocidas, contiene alrededor de

100 billones de estrellas.

El **UNIVERSO** tenía unos **9000 MILLONES DE AÑOS** cuando se formó nuestro **SISTEMA SOLAR.**

La **PRIMERA IMAGEN** de un **AGUJERO NEGRO** se obtuvo en **2019.**

Unos **DOS TERCIOS** de las galaxias conocidas **TIENEN FORMA ESPIRAL.**

VEMOS SOLO EL 5% **DEL UNIVERSO.** El **95%** restante se compone de **MATERIA OSCURA,** invisible, y la misteriosa **ENERGÍA OSCURA.**

Los **exoplanetas** son planetas que están **FUERA DEL SISTEMA SOLAR.** Hasta septiembre de 2021, el número de exoplanetas identificados por la NASA era de

4521.

Un **AÑO LUZ** es la distancia que recorre un rayo de luz en **1 AÑO TERRESTRE,** y equivale a **9,5 BILLONES DE KM**

Un **AÑO** es el tiempo que la **TIERRA** tarda en completar **1 órbita** alrededor del **SOL.** El año terrestre dura **365,26 días.** El **AÑO MÁS CORTO CONOCIDO** es el de un exoplaneta, y dura **28 MINUTOS.**

El **SISTEMA SOLAR** está a unos **25800 AÑOS LUZ** desde el **CENTRO** de la **VÍA LÁCTEA.**

En **1924,** el astrónomo estadounidense **EDWIN HUBBLE** confirmó que **Andromeda Nebula** era la **PRIMERA GALAXIA CONOCIDA,** aparte de la Vía Láctea.

Segue 2, una de las **GALAXIAS MÁS PEQUEÑAS** observadas, contiene solo unas **1000 ESTRELLAS.**

Las galaxias de **ANDRÓMEDA** y la **VÍA LÁCTEA** se espera que **CHOQUEN** dentro de unos

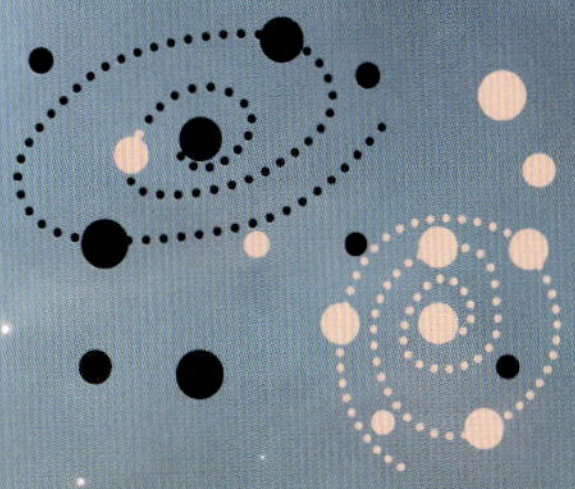

4,5 millones de años.

Espectaculares ESTRELLAS

Las estrellas son bolas gigantes de gas en llamas unidas por la gravedad, y viven miles de millones de años. Las más grandes mueren en enormes explosiones llamadas supernovas, y colapsan para formar estrellas de neutrones que son increíblemente densas. El Sol es una estrella de la Vía Láctea.

EL 99,8 % **DE LA MASA** de todo el **SISTEMA SOLAR** está contenida en el **SOL.**

88 **CONSTELACIONES** (grupos de estrellas visibles) ha aprobado la **UNIÓN ASTRONÓMICA INTERNACIONAL.**

36 constelaciones se refieren a **ANIMALES,** como un león, un oso, un escorpión y **4 PERROS.**

Con una edad de unos **4600 MILLONES DE AÑOS,** el **SOL** está aproximadamente **EN LA MITAD** de su vida.

La **LUZ DEL SOL** tarda más de **8 minutos** en llegar a la Tierra.

La **ESTRELLA MÁS BRILLANTE** del cielo nocturno es **SIRIO,** la **ESTRELLA PERRO.** Su superficie está a **9670 °C**

Las **ESTRELLAS MÁS VIEJAS** tienen unos **12000 millones de años.**

La canadiense **KATHRYN AURORA GRAY** tenía solo **10 años** cuando en **2011** descubrió una **SUPERNOVA** en la constelación Camelopardalis.

En una **NOCHE CLARA,** podemos ver entre **2500** y **5000** estrellas a simple vista.

1300000
TIERRAS cabrían dentro del **SOL.**

Una **CUCHARADA** de **ESTRELLA DE NEUTRONES** pesaría **900000 millones de kg,** lo mismo que **150 Grandes Pirámides** del Antiguo Egipto.

En el 1054 a.C., una **SUPERNOVA QUE EXPLOTÓ A 6500 años luz** de la Tierra **PUDO VERSE EN PLENO DÍA** durante **23 DÍAS.**

Un **AVIÓN DE PASAJEROS** tardaría **4,8 MILLONES DE AÑOS** para viajar a **PRÓXIMA CENTAURI,** la segunda estrella más cercana a la Tierra, **a 4,24 años luz.**

En la **Vía Láctea** hay **100000-400000** millones de estrellas.

La **TEMPERATURA DE LA SUPERFICIE** de la **ESTRELLA MÁS FRÍA CONOCIDA,** la enana marrón **WISE 1828+2650,** es **52 °C** apenas más caliente que una **taza de té.**

El **SOL** tarda más de **220 millones de años** en completar **1 ÓRBITA** a nuestra galaxia.

El **91%** de los **ÁTOMOS** que componen el **SOL** son de **HIDRÓGENO,** el elemento químico más ligero de todos.

15000000 °C es la temperatura a la que se estima que está el **NÚCLEO DEL SOL.**

El **PÚLSAR MÁS RÁPIDO** (estrella de neutrones que gira), **PSR J1748-2446AD,** da **716 vueltas por segundo.**

Se estima que en el universo hay unos **100000 MILLONES DE BILLONES** de **ESTRELLAS.**

Nuestra LUNA

La Luna es nuestro vecino más cercano en el espacio y brilla en el cielo de la noche al reflejar la luz del Sol. Su paisaje, sombrío pero de una gran belleza, está marcado por los escombros, los cráteres y las llanuras polvorientas.

La **LUNA** está a unos **384400 km DE LA TIERRA.** Se tarda unas **60 horas** en viajar hasta allí.

El astronauta del **Apolo 14 ALAN SHEPARD** golpeó en la Luna **2 BOLAS DE GOLF.**

El **DIÁMETRO** de la **CUENCA DE AITKEN,** el mayor cráter de la Luna y el más antiguo, es de unos **2500 km.**

La Luna tarda **27,3 DÍAS** en **ORBITAR** alrededor de la **TIERRA** y rotar sobre su eje.

En **1969,** los astronautas del Apolo 11 **Neil Armstrong** y **Buzz Aldrín** fueron las primeras personas que pisaron la Luna.

12 personas pisaron la **LUNA** en las **6 misiones Apolo** (1969-1972).

7,5 minutos es la duración máxima de un **ECLIPSE SOLAR** total, cuando la Luna **CUBRE** por completo el disco solar.

En la **LUNA**, la **TEMPERATURA** oscila entre los **−173 °C** y los **127 °C.**

49 LUNAS cabrían dentro de la Tierra.

5185 CRÁTERES DE LA LUNA tienen un diámetro de **20 km** o más.

Los astrónomos creen que la Luna **SE FORMÓ** de los escombros al **COLISIONAR** la Tierra y un planeta del tamaño de Marte hace **4500 MILLONES DE AÑOS.**

La Luna tiene una gravedad solo del **17%** de la de la Tierra.

El **DIÁMETRO DE LA LUNA** es de **3475 km,** menos que **EL ANCHO DE ESTADOS UNIDOS.**

En **1959** la **CARA OCULTA** de la Luna –la que no mira a la Tierra– fue **FOTOGRAFIADA POR PRIMERA VEZ,** por la nave soviética **LUNA 3.**

Llevaron a la Tierra **382 KG** de **ROCAS LUNARES.**

42 km es la distancia que el róver soviético **LUNOJOD 2** recorrió en la Luna en **1973.**

La **LUNA** se **SEPARA DE LA TIERRA** a un ritmo de **3,78 cm** anuales.

Los PLANETAS

La Tierra no es el único planeta que orbita alrededor del Sol. Otros siete planetas y cinco planetas enanos, además de muchas lunas y numerosos asteroides, viajan alrededor del Sol y forman el sistema solar.

VALLES MARINERIS es un sistema de cañones de Marte **5 veces MÁS LARGO** y casi **4 veces MÁS PROFUNDO** que el Gran Cañón en Estados Unidos.

LOS VIENTOS DE NEPTUNO pueden alcanzar los **2100 KM/H** y son los **MÁS RÁPIDOS** que se registran en todo el sistema solar.

1300 TIERRAS podrían **CABER DENTRO** de **JÚPITER.** Es casi el **DOBLE** de grande que el resto de los planetas juntos.

SATURNO tiene más de **80 lunas. TITÁN,** la mayor de ellas, es incluso mayor que el planeta **MERCURIO.**

En **1781 URANO** fue el **PRIMER PLANETA** que se descubrió gracias al **USO DE UN TELESCOPIO.**

UN DÍA Y UNA NOCHE duran en Mercurio **176 DÍAS TERRESTRES.**

Neptuno está **30 veces más lejos del Sol** que la Tierra.

EL MONTE OLIMPO es un volcán de Marte de **25 km** de altura, casi **3 VECES** la altura del **MONTE EVEREST.**

MAAT MONS, con un diámetro de **395 KM**, es el **MAYOR** de los más de **1600 volcanes** de **VENUS.**

Desde que se descubrió en 1930, **PLUTÓN** fue considerado un planeta **76 AÑOS.** En 2006, se **RECLASIFICÓ COMO PLANETA ENANO.**

Si pesaras **50 KG** en la Tierra, tu **peso en Júpiter** sería de **126,4 KG.**

LOS ANILLOS DE SATURNO tienen unos **280000 km** de anchura y solo unos **100 m** de grosor.

MERCURIO tiene un **NÚCLEO DE HIERRO** que ocupa el **61%** del volumen del planeta.

Más de **1100000** trozos de roca y metal orbitan alrededor del **SOL** en el **CINTURÓN DE ASTEROIDES.**

El nombre de **PLUTÓN** lo propuso Venetia Burney, una **NIÑA INGLESA DE 11 AÑOS,** en 1930. Como premio recibió un billete de **5 libras.**

EXPLORAR EL ESPACIO

Desde poner a astronautas en la Luna hasta enviar sondas fuera del sistema solar: los científicos no dejan de ampliar los límites para ir más allá de la última frontera.

El **PRIMER VUELO ESPACIAL** tripulado, del astronauta soviético **YURI GAGARIN** en 1961, duró **108 MINUTOS.**

45 minutos

se tarda en **PONERSE UN TRAJE ESPACIAL,** incluida la ropa interior, diseñada para que el astronauta **se mantenga fresco.**

EL TRANSBORDADOR ESPACIAL de la NASA operó durante **30 años,** desde **1981** hasta **2011.**

En 2003 el **PRIMER VUELO TRIPULADO CHINO** llevó a Yang Liwei, elegido entre más de **1500 CANDIDATOS.** Orbitó alrededor de la Tierra **14 veces** a bordo del Shenzhou 5.

La NASA utiliza una serie de **ANTENAS GIGANTES DE RADIO** llamada **DEEP SPACE NETWORK** (DSN) y repartidas entre **3 LUGARES DISTINTOS,** que pueden seguir una nave a **miles de millones de kilómetros** de la Tierra.

El observatorio espacial Gaía puede **MEDIR** objetos del espacio **400 000 VECES MÁS DÉBILES** que lo que ven los ojos.

400 171 KM recorrieron los **3 ASTRONAUTAS** de la misión **APOLO 13** en su viaje desde la Tierra, la **MAYOR DISTANCIA** a la que nadie ha llegado.

La nave **NEW SHEPARD 4** se lanzó en **2021** en un vuelo de prueba que llevó al espacio tanto al **ASTRONAUTA MÁS JOVEN**, de **18 años**, como al de **MÁS EDAD**, de **90 años.**

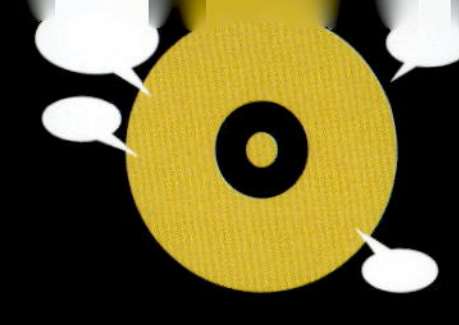

A bordo de las **SONDAS ESPACIALES VOYAGER** viaja un disco de oro que tiene grabados saludos en **55 IDIOMAS** y **115 IMÁGENES** de la Tierra, por si encuentran vida extraterrestre.

En 1984, **4 astronautas** utilizaron una Unidad de Movilidad de Astronautas (AMU) para flotar **90 m** desde su nave y recuperar **2 SATÉLITES.**

En la Tierra, la **MOCHILA AMU** y el **TRAJE ESPACIAL** pesarían unos **266 KG.**

La **sonda espacial Voyager 1** se lanzó en **1977** y está a **235 MILLONES DE KM** de la Tierra en la actualidad.

90 KM es la distancia total que han recorrido en la superficie de **LA LUNA LOS 3 RÓVERES LUNARES** que la han visitado. Los róveres tienen una velocidad máxima de **18 KM/H.**

EN CONJUNTO LA DISTANCIA que los **5 TRANSBORDADORES ESPACIALES DE LA NASA** recorrieron en sus 135 misiones es de **826700000 KM.**

El cosmonauta ruso **ANATOLI SOLOVIOV** ha hecho el récord de **16 paseos espaciales** con un total de **82 horas y 22 minutos.**

CHRISTINA KOCH tiene el récord del **VUELO ESPACIAL MÁS LARGO DE UNA MUJER.** Estuvo **328 DÍAS EN EL ESPACIO.**

LA SONDA ESPACIAL JUNO llevó a Júpiter **3 figuritas LEGO DE ALUMINIO**

TOP 10 LOS MAYORES COHETES

1

SATURNO V • Estados Unidos • **111 M**
Activo en: **1967-1973**

El Saturno V no solo es el cohete más grande sino el vehículo de lanzamiento más pesado. Lleno de combustible, pesaba 2,8 millones de kg, más que 450 elefantes africanos machos.

2

N1 • Unión Soviética; cohete de pruebas • **105 M**
Activo en: **1969-1972**

El gran cohete N1 se construyó originalmente para llevar astronautas a la Luna, pero nunca fue lanzado con éxito.

3

ARES I-X • Estados Unidos; cohete de pruebas • **94,2 M**
Activo en: **2009**

El Ares I-X fue un prototipo de la NASA y solo se lanzó en una ocasión, en la que completó un breve vuelo de pruebas.

4

DELTA IV HEAVY • Estados Unidos • **72 M**
Activo en: **2004-PRESENTE**

Capaz de transportar 31 toneladas de carga a la órbita de la Tierra, el Delta IV utiliza dos cohetes propulsores adicionales para llegar al espacio.

5

SPACEX FALCON HEAVY • Estados Unidos • **70 M**
Activo en: **2018-PRESENTE**

El Falcon Heavy es el cohete más potente que está actualmente operativo. Sus 27 motores pueden generar 5 millones de libras de empuje.

6

SPACEX FALCON 9 • Estados Unidos • **70 M**
Activo en: **2010-PRESENTE**

Cohete reutilizable, el Falcon 9 fue diseñado para transportar personas y objetos al espacio al menor coste.

7

ANGARA-A5 • Rusia • **64 M**
Activo en: **2014-PRESENTE**

El Angara-A5 fue encargado por el gobierno de Rusia y utiliza un combustible menos tóxico que su predecesor, el Proton-M.

8

DELTA IV • Estados Unidos • **62,5 M**
Activo en: **2002-PRESENTE**

Igual que el resto de los modelos Delta, el Delta IV está equipado con el motor de combustión de hidrógeno más grande que existe.

9

CHANG ZHENG 2F (Long March Rocket) • China • **62 M**
Activo en: **1999-PRESENTE**

El Chang Zheng 2F es un cohete de dos etapas con cuatro propulsores, diseñado para lanzar una nave tripulada.

10

ARIANE 4 • Agencia Espacial Europea; ESA • **58,72 M**
Activo en: **1990-2003**

Durante su período de operatividad, el Ariane 4 hizo 113 lanzamientos con éxito y llevó muchos satélites al espacio.

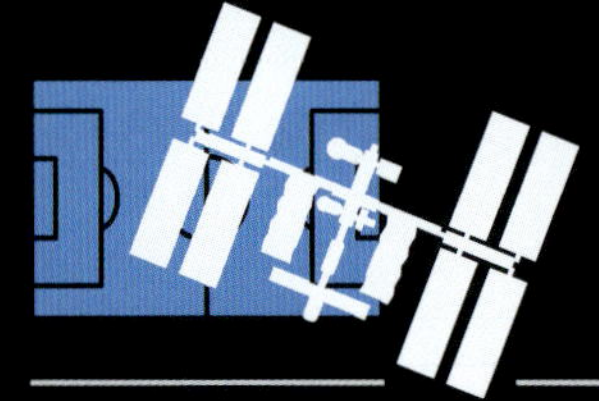

La **EEI** tiene **109 m DE ANCHO,** la misma longitud que tiene un **CAMPO DE FÚTBOL.**

A una velocidad de **27 500 KM/H,** la EEI orbita alrededor de la Tierra unas **16 veces** al día.

Con un total de más de **879 DÍAS** durante **5 MISIONES,** el cosmonauta Guennadi Pádalka tiene el récord de **MÁS TIEMPO PASADO EN EL ESPACIO.**

Sin gravedad, la columna de los astronautas se **RELAJA,** y pueden crecer y ser hasta **7,6 cm MÁS ALTOS** mientras viven en el espacio.

El primer turista espacial fue el estadounidense **DENNIS TITO,** que pagó **20 000 000** de dólares por ir a la EEI en 1991.

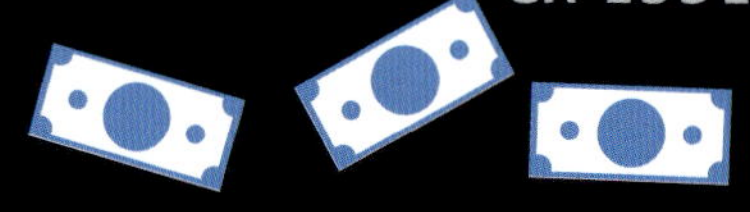

El primer **PASEO ESPACIAL FEMENINO,** de las estadounidenses Jessica Meir y Christina Koch en 2019, duró **7 H Y 17 M.**

En **2007,** Sunita Williams corrió **4 horas y 24 minutos** en la cinta de la EEI y se convirtió en la primera persona en correr una **MARATÓN EN EL ESPACIO.**

La cúpula de la EEI tiene **7 ventanas** que miran a la Tierra: **6 LATERALES** y **1 EN EL TECHO.**

Durante los **PASEOS ESPACIALES,** los astronautas llevan una **ROPA INTERIOR** que **BOMBEA AGUA** a lo largo de **91,5 m** de **TUBOS** que regulan su temperatura.

En **1982,** la tripulación de la estación espacial Saliut 7 cultivó las **PRIMERAS PLANTAS** que florecieron y dieron semillas **EN EL ESPACIO.**

Una ciudad australiana puso a la NASA una multa de **400 DÓLARES** por **LANZAR RESIDUOS** cuando cayeron **RESTOS** de la estación espacial **SKYLAB** en 1979.

La primera estación espacial fue la **SALIUT 1,** lanzada por la Unión Soviética en 1971. Recorrió **118,6 MILLONES DE KM** durante sus **175** días en órbita.

LA VIDA EN EL ESPACIO

Hasta **8 NAVES** pueden acoplarse a la **EEI** de manera simultánea.

Las estaciones espaciales son enormes naves en órbita que permiten a los astronautas vivir y trabajar en el espacio. Desde 1970, Estados Unidos, Rusia y China han construido varias. Hoy hay solo dos en órbita, una de ellas es la Estación Espacial Internacional (EEI).

Hasta hoy, **242 ASTRONAUTAS** de **19 países** han visitado la **EEI.**

LA PRIMERA ESTACIÓN ESPACIAL, LA TIANGONG-1 CHINA, tenía **10,4 m** de largo, como un autobús escolar.

TIERRA

La Tierra **ORBITA** alrededor del Sol a una **DISTANCIA** promedio de

149 598 262 KM.

En recorrer esa distancia a **80 KM/H** tardaríamos

213 AÑOS.

Solo **4 ELEMENTOS** (hierro, oxígeno, sílice y magnesio) constituyen el

90 %

de la **MASA DE LA TIERRA.**

La **TIERRA** se formó hace

4540 MILLONES DE AÑOS.

El **NÚCLEO INTERNO** de la Tierra está prácticamente a la misma temperatura que tiene la **SUPERFICIE DEL SOL: 5500 °C.**

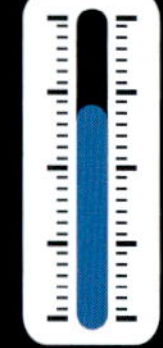

La Tierra está ligeramente abultada en el centro. La **CIRCUNFERENCIA** por el **ECUADOR** tiene **40 075 KM**, unos **67 KM** más que la que rodea los **POLOS.**

El **31 %** de la **TIERRA FIRME** está cubierta de **BOSQUES.**

La Tierra es el **QUINTO PLANETA MÁS GRANDE** del **SISTEMA SOLAR** y tiene un diámetro medio de **12 742 KM.**

El **MANTO** de roca de la Tierra tiene unos **2900 KM** de grosor y constituye aproximadamente **DOS TERCERAS PARTES** de su masa total.

La masa de la Tierra es unas **9 VECES** la de **MARTE.**

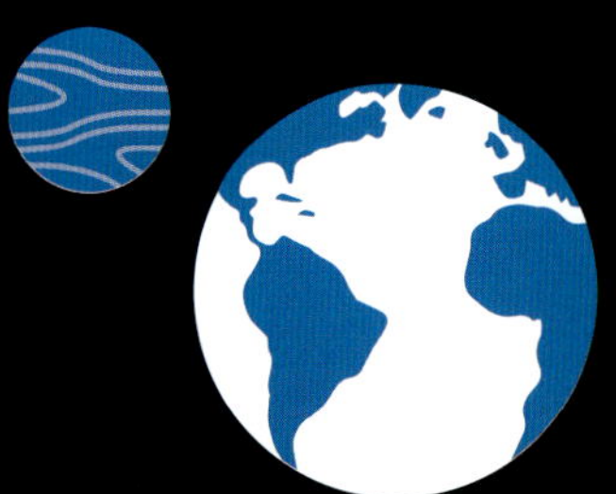

La Tierra tiene **4 CAPAS:** los núcleos interno y externo, un manto de roca y la corteza.

El PLANETA AZUL

Desde el espacio, nuestro asombroso planeta parece una bola de remolinos azules. La vida ha florecido en la Tierra gracias a su tamaño, su distancia del Sol, la presencia de agua en su superficie y su atmósfera rica en oxígeno.

Una **MOLÉCULA DE AGUA** está unos **10 DÍAS** en la **ATMÓSFERA** antes de volver a caer como lluvia, rocío o nieve.

El **90%** de la **HUMEDAD** de la atmósfera proviene de la **EVAPORACIÓN DEL AGUA** de la superficie.

Si la **ATMÓSFERA** no **RETUVIERA EL CALOR,** la temperatura de la Tierra sería **33 °C MÁS FRÍA** que la actual.

La superficie rocosa de la Tierra está **DIVIDIDA** en grandes piezas llamadas **PLACAS TECTÓNICAS.** Hay **7 GRANDES** placas, además de otras más pequeñas.

2–7 cm es el **RITMO** al que **LAS PLACAS TECTÓNICAS SE MUEVEN** anualmente, más o menos lo que crecen tus uñas.

La Tierra está inclinada **23,5°**, lo que explica que tengamos **DISTINTAS ESTACIONES** en los hemisferios norte y sur (las dos mitades del planeta).

El **68,7 %** del **AGUA DULCE** está en los **CASQUETES POLARES Y GLACIARES.**

Existen **3 TIPOS DE ROCAS:** sedimentarias, ígneas y metamórficas.

La **FULGURITA** es una roca que se forma al caer un **RAYO** a unos **1800 °C** en la arena o la roca. El sílice queda vitrificado en forma de tubo de rayo.

El **80-90 %** **DE LAS ROCAS** de la superficie de la Tierra son de tipo **SEDIMENTARIO.**

Los **DIAMANTES AZULES** son solo el **0,02 %** de todos los diamantes. Se forman a profundidades de más de **660 KM**, unas **4 VECES MÁS** que los comunes.

En el Parque Nacional del Valle de la Muerte, Estados Unidos, las **PIEDRAS RODANTES**, unas rocas de hasta **300 KG**, son movidas hasta **500 m** por la acción del viento y el hielo.

El **25 %** de los **minerales** conocidos son **silicatos**, compuestos de **SÍLICE** y **OXÍGENO.** Constituyen el **90 %** de la **CORTEZA TERRESTRE.**

Las **ESTALACTITAS CALCÁREAS** –los depósitos minerales que cuelgan del techo de las cuevas– crecen en promedio unos **10 cm** **CADA 1000 AÑOS.**

La **CALZADA DE LOS GIGANTES** es una zona de **50-60 MILLONES DE AÑOS** de Irlanda del Norte en la que hay unas **40 000 COLUMNAS DE ROCA BASÁLTICA.**

ROCAS Y GEMAS

La **EROSIÓN** de las **ROCAS CALCÁREAS** ha formado más de **120 cuevas** en las Cavernas de Carlsbad de Nuevo México. Una de ellas, **LECHUGUILLA,** tiene una longitud de más de **223 km.**

Las rocas forman la corteza terrestre y están compuestas por más de 3000 minerales distintos. Las gemas (o piedras preciosas) son unos minerales que se pueden tallar y pulir y que se valoran por su belleza y su singularidad.

Los **diamantes** se forman a consecuencia del intenso calor y la enorme presión a **PROFUNDIDADES DE 140–190 km** bajo la superficie de la Tierra.

La **CANTERA DE GRANITO** de Mount Airy, Estados Unidos, se extiende unas **24 HECTÁREAS,** la superficie de 66 campos de fútbol.

El primer **LÁSER** se construyó en **1960** con una **PIEDRA DE RUBÍ.**

Cada año se extraen más de **160 MILLONES** de toneladas de mineral de **BAUXITA,** que se procesa para obtener **ALUMINIO.**

El **GAVAL DASH** es una piedra de Azerbaiyán. De unos **2 m** suena **COMO UN GAVAL** –una especie de pandereta tradicional– si se golpea.

Solo **20** personas pueden **VISITAR** cada día **THE WAVE** –una formación de arenisca ondulada– en Arizona, Estados Unidos. En 2019, había una lista de espera de más de **200000** personas.

TOP 10
LAS MONTAÑAS MÁS ALTAS

1

MONTE EVEREST • China, Nepal
8848 M • Escalado por primera vez: **1953**

Situado en el Himalaya, el monte Everest es el punto más alto de la Tierra. El movimiento de las placas tectónicas hace que siga creciendo unos 5 cm al año.

2 **K2** • China, Pakistán • **8611 M**
Escalado por primera vez: **1954**

El K2 se encuentra en la cordillera del Karakórum, que alberga la mayor concentración de altas montañas del mundo.

3 **KANCHENJUNGA** • India, Nepal • **8586 M**
Escalado por primera vez: **1955**

El Kanchenjunga se creía la montaña más alta del mundo hasta 1852, cuando se hizo un cálculo más preciso.

4 **LHOTSE** • China, Nepal • **8516 M**
Escalado por primera vez: **1956**

La vertiente occidental del Lhotse es conocida como Lhotse Face, una pared de hielo duro que los escaladores deben pasar para llegar al Everest.

5 **MAKALU** • China, Nepal • **8485 M**
Escalado por primera vez: **1955**

El Makalu, con forma de pirámide, tiene muchas crestas expuestas, por lo que es una de las montañas más difíciles de escalar.

6 **CHO OYU** • China, Nepal • **8188 M**
Escalado por primera vez: **1954**

En el Himalaya, el Cho Oyu está cerca del paso de montaña clave de la ruta comercial de Nangpa La.

7 **DHAULAGIRI I** • Nepal • **8167 M**
Escalado por primera vez: **1960**

El alto pico Dhaulagiri I está rodeado por los afluentes de los principales ríos, como el Bheri y el Kali Gandaki.

8 **MANASLU** • Nepal • **8163 M**
Escalado por primera vez: **1956**

Animales en peligro de extinción, como los leopardos de las nieves y los pandas rojos, viven en los alrededores de los valles de Manaslu, una zona protegida.

9 **NANGA PARBAT** • Pakistán • **8126 M**
Escalado por primera vez: **1953**

En la vertiente sur del Nanga Parbat está la cara Rupal, de 4500 m, considerada la más alta del mundo.

10 **ANNAPURNA I** • Nepal • **8091 M**
Escalado por primera vez: **1950**

El pico rocoso del Annapurna I fue la primera montaña de más de 8000 m en ser escalada.

Terremotos y VOLCANES

La corteza terrestre está formada por piezas llamadas placas tectónicas, que se desplazan lentamente sobre la roca fundida caliente que hay debajo. Los terremotos se producen cuando dos placas se rozan entre sí, lo que produce ondas de choque. Los volcanes se forman cuando la roca fundida caliente sale a la superficie a través de las grietas de la corteza.

Medido desde su base en el lecho marino, el **MAUNA LOA,** en **HAWÁI,** tiene una altura total de **17170 m,** lo que lo convierte en el **VOLCÁN MÁS ALTO.**

60000000 TONELADAS de azufre se liberaron a la atmósfera en **1815** a causa de la erupción del **MONTE TAMBORA.**

En **1935,** Charles F. Richter introdujo la **ESCALA RICHTER** para medir la **MAGNITUD** de los **TERREMOTOS** en una escala del **1 al 10.**

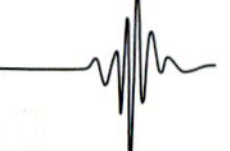

CADA AÑO, se detectan unos **500000** terremotos. De ellos, unos **100000** son percibidos y solo unos **100** causan daños.

Las **ONDAS DE CHOQUE MÁS RÁPIDAS** de un terremoto pueden viajar por el suelo a una velocidad de entre **18000 y 28800 KM/H.**

La **LAVA,** la roca fundida caliente que emite un volcán, está a una temperatura de entre **700 y 1200 °C.**

En la **CORDILLERA DE LOS ANDES,** en América del Sur, a **6893 m,** el **OJOS DEL SALADO** es el **VOLCÁN ACTIVO MÁS ALTO** del mundo.

En febrero de 2010, un terremoto de **MAGNITUD 8,8** en Chile **MOVIÓ LA CIUDAD** de Concepción **3,05 m** al oeste.

La **erupción volcánica** del **Krakatoa, Indonesia,** en 1883 pudo oírse a más de **3000 km** de distancia, y las **CENIZAS** subieron unos **80 km** hacia lo alto de la atmósfera.

En el **79 a.C.,** el monte Vesubio **ENTRÓ EN ERUPCIÓN Y SEPULTÓ** las ciudades romanas de **POMPEYA Y HERCULANO.**

Un terremoto de **MAGNITUD 9,5** en **VALDIVIA, CHILE,** en 1960, es el **más fuerte registrado.** Dejó sin hogar a unos **2 000 000** de personas.

ALASKA sufre un terremoto de **MAGNITUD 7** casi cada año y uno de **MAGNITUD 8 O MÁS** una vez cada **14 AÑOS.**

El **75% de los volcanes** y el **90% de los terremotos** se sitúan en el **CINTURÓN DE FUEGO** del Pacífico.

Hay unos **1500 VOLCANES ACTIVOS** en el mundo.

60 KM/H es la velocidad a la que fluía la lava del monte Nyiragongo, Congo, en 1977: el **flujo de lava más rápido** registrado.

107000 VUELOS se estima que **SE CANCELARON** a causa de la ceniza volcánica emitida durante la **erupción del Eyjafjallajökull,** Islandia, en 2010.

El volcán **PARICUTÍN** emergió **EN 1943** en medio del **MAIZAL** de un granjero mexicano y alcanzó los **336 m DE ALTURA** en un año.

Maravillas

NATURALES

Desde la cima de las montañas más altas hasta el fondo de las cuevas más profundas, el planeta está lleno de paisajes asombrosos y una fauna extraordinaria.

Cada año, en la **ISLA DE NAVIDAD**, en **AUSTRALIA**, unos **40 millones DE CANGREJOS ROJOS** migran desde los bosques hasta el océano para **REPRODUCIRSE**, con entre **1 Y 2 CANGREJOS POR M²** de playa en algunas zonas.

Con **10 582 km²**, el **SALAR DE UYUNI**, en Bolivia, es la **LLANURA DE SAL** más grande del mundo. Contiene unos **10000 millones de toneladas de sal.**

WULINGYUAN, en China, tiene más de **3000 PILARES PÉTREOS DE ARENISCA,** formados por la erosión del agua a lo largo de **380 millones de años.**

LAS CUEVAS DE WAITOMO, en Nueva Zelanda, se iluminan con **MILES DE LARVAS BIOLUMINISCENTES** que cuelgan hilos pegajosos de hasta **50 CM** de **LARGO** de las paredes y el techo para atrapar a sus presas.

La **MAYOR PRESA DE CASTORES** del mundo, de unos **850 m** de longitud, se descubrió en Alberta, Canadá, en **2007.**

El **géiser Old Faithful** del parque de Yellowstone, Estados Unidos, expulsa agua **20 veces al día.** Cada vez emite entre **14000 y 31800 LITROS.**

Cada segundo, caen unos **2,8 MILLONES DE LITROS** de **AGUA** por las **3 CATARATAS** que forman las **CATARATAS DEL NIÁGARA.**

Con rocas de **2000 MILLONES DE AÑOS**, el **GRAN CAÑÓN** del Colorado, Estados Unidos, tiene **1,6 KM** de **PROFUNDIDAD** y **446 KM** de **LONGITUD.**

Con **348 m,** el **ULURU,** en Australia, es la **ROCA MÁS GRANDE** del mundo. En su cota máxima es **MÁS ALTA QUE LA TORRE EIFFEL.**

Descubierto en **2009** y con **122 m,** el **XIAN REN QIAO,** sobre el río Buliu, en China, es el **ARCO NATURAL MÁS GRANDE** del mundo.

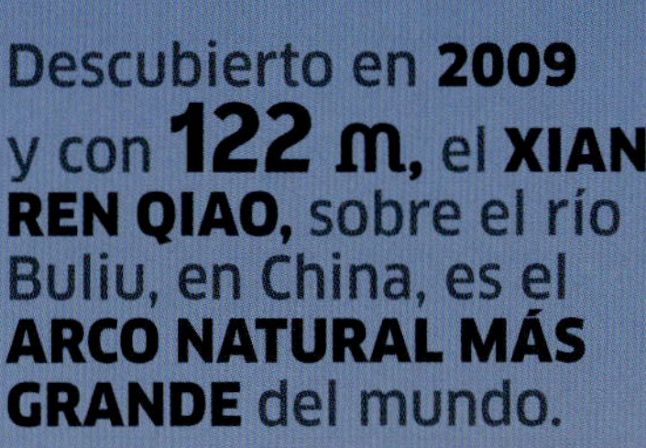

En la **CUEVA DE LOS CRISTALES,** México, hay cristales de hasta **11 m** de **LONGITUD** y **50 toneladas** de peso.

El agua cae **979 m** en el **Salto Ángel,** Venezuela, la catarata más alta del mundo.

Hay más de **2000 ARCOS DE ROCA** con nombre en el **PARQUE NACIONAL DE LOS ARCOS,** en Utah, Estados Unidos.

Puerto Princesa es un **río subterráneo** navegable de **8,2 KM** que discurre bajo la cordillera de San Pablo de Filipinas.

Árboles y

BOSQUES

Hay más de 60 000 especies de árboles, desde los que no levantan más de un palmo hasta las secuoyas del tamaño de un rascacielos. Además de dar madera, los árboles y los bosques reducen la erosión del suelo, absorben el dióxido de carbono y enriquecen el medio ambiente.

3 PAÍSES –Rusia, Brasil y Canadá– concentran el **40,8 % de los bosques totales.**

119 000 km² de masa forestal se **PERDIÓ POR LA TALA Y LOS INCENDIOS** durante 2019: una superficie que es **CASI 3 VECES EL TAMAÑO DE SUIZA.**

La **ESPECIE DE ÁRBOL MÁS ALTA** –la secuoya roja– puede alcanzar una **ALTURA** de **116 m.**

El **BOSQUE TROPICAL** cubre el **6 %** de la tierra firme, pero es el hogar de **LA MITAD** de los **ANIMALES Y LAS PLANTAS.**

UN SOLO ROBLE ADULTO puede albergar unas **500 ESPECIES** de aves, insectos, hongos y líquenes.

Los **BAOBABS** son los árboles **más longevos** de **África:** viven hasta **3000 años.**

El pino de Coulter da **PIÑAS GIGANTES** que pesan hasta **6 KG.** Más que un **RECIÉN NACIDO.**

En **2016, EN UN PROGRAMA DE REFORESTACIÓN** en Uttar Pradesh, India, **800 000 PERSONAS** plantaron **50 414 058 ÁRBOLES EN 24 HORAS.**

Las **HOJAS** de la **PALMERA *RAFFIA REGALIS*** pueden crecer hasta los **25 m.** Son **1,5 M** más largas que una pista de tenis.

UN ABEDUL puede producir hasta **1 millón** de semillas al año.

En 2019, **CADA 6 SEGUNDOS SE PERDIÓ LA SUPERFICIE DE UN CAMPO DE FÚTBOL** de bosque tropical.

El **NÚMERO DE ÁRBOLES** se ha **REDUCIDO EN UN 46 %** desde el inicio de la civilización humana, **HACE 12 000 AÑOS.**

Las **EXPLOSIVAS VAINAS** de la ceiba amarilla **LANZAN LAS SEMILLAS** a una velocidad de **252 KM/H.** Las semillas pueden llegar a una distancia de **100 m.**

LOS SAUCES ENANOS alcanzan una altura máxima de solamente **6 cm.**

Los **MURCIÉLAGOS** polinizan las grandes **FLORES DE 20 cm** del **BAOBAB.**

4854 AÑOS es la **EDAD ESTIMADA** en 2022 de Matusalén, un **PINO CARRASCO DE LA GRAN CUENCA.** Su ubicación en el Bosque Nacional de Inyo, en California, se mantiene **en secreto.**

TOP 10 LOS RÍOS MÁS LARGOS

1

NILO • África • **6650 KM**
Desemboca en: mar Mediterráneo

A lo largo de la historia, el Nilo ha sido un recurso crucial para la agricultura y la pesca en el noreste de África. Fluye hacia el norte a través de 11 países antes de desembocar en el mar Mediterráneo.

2

AMAZONAS-UCAYALI-APURÍMAC • América del Sur
6500 KM • Desemboca en: océano Atlántico

El Amazonas es el río más grande y ancho, y lleva una quinta parte de toda el agua dulce que entra en los océanos del mundo.

3

YANGTSÉ • Asia • **6300 KM**
Desemboca en: mar de la China oriental

El Yangtsé es el río más largo que fluye a través de un solo país (China), pasando por más de 30 ciudades.

4

MISISIPI-MISURI-RED ROCK • América del Norte
5971 KM • Desemboca en: golfo de México

El Misisipi, que nace en Minnesota como un arroyo de apenas 3 m de ancho, fluye a través de 10 estados.

5

YENISEY-BAIKAL-SELENGA • Asia
5540 KM • Desemboca en: mar de Kara

En Rusia, el Yenisey fluye a través del lago Baikal, el mayor lago de agua dulce del mundo.

6

HUANG HE (río Amarillo) • Asia
5464 KM • Desemboca en: mar Amarillo

El Huang He recibe el nombre de río Amarillo debido a los 1600 millones de toneladas de lodo que transporta cada año.

7

OB-IRTYSH • Asia • **5410 KM**
Desemboca en: océano Ártico

Más de la mitad del año, el sistema fluvial Ob-Irtysh, en el oeste de Siberia, está congelado y es intransitable.

8

PARANÁ • América del Sur
4880 KM • Desemboca en: océano Atlántico

En el Paraná está la presa de Itaipú, la segunda central hidroeléctrica más grande del mundo.

9

CONGO • África • **4700 KM**
Desemboca en: océano Atlántico

Las capitales de la República del Congo y de la República Democrática del Congo están a ambos lados de este río.

10

AMUR-ARGUN • Asia • **4444 KM**
Desemboca en: mar de Ojotsk

El río Amur alberga más de 120 especies únicas de peces, entre ellas el depredador kaluga.

Océanos y

MARES

Los océanos contienen nada menos que el 97 % de toda el agua y forman un mundo acuático que cubre aproximadamente el 71 % de la superficie de nuestro planeta. En los océanos comenzó la vida hace unos 3500 millones de años.

Los océanos absorben el **30 %** de las **EMISIONES DE DIÓXIDO DE CARBONO** de origen **HUMANO.**

Casi el **3,5 %** del peso del **AGUA DEL MAR** corresponde a las **SALES DISUELTAS.**

Los arrecifes de **coral** cubren menos del **1 %** del **LECHO OCEÁNICO,** pero cobijan el **25 %** de toda la **VIDA MARINA.**

Hay unos **3 MILLONES DE NAUFRAGIOS** en los **LECHOS OCEÁNICOS** del mundo.

Más del **80 %** de los océanos está pendiente de **explorarse** y **regístrarse.**

3682 m es la profundidad **MEDIA** que tienen los océanos del mundo.

Los **OCÉANOS** producen más del **50 %** de todo el **OXÍGENO DEL MUNDO.**

Los primeros **ARRECIFES DE CORAL** aparecieron hace **500 millones de años.**

Las **OLAS DE UN TSUNAMI** viajan a **500-1000 km/h** en alta mar. Al acercarse a la costa **REDUCEN SU VELOCIDAD** pero **AUMENTAN SU ALTURA.**

El alga más grande, ***MACROCYSTIS PYRIFERA***, puede alcanzar una altura de más de **30 M** y crecer hasta **60 CM CADA DÍA.**

Los estadounidenses Bruce Cantrell y Jessica Fain ostentan el récord de **PERMANENCIA** en un hábitat submarino fijo: **73 DÍAS, 2 HORAS Y 34 MINUTOS.**

En **1520,** el explorador **FERNANDO DE MAGALLANES** fue el **PRIMER** navegante europeo en adentrarse en un océano al que llamó **PACÍFICO.**

La **BAHÍA DE FUNDY,** en Canadá, experimenta la **MAYOR DIFERENCIA** del mundo entre la marea **ALTA Y LA BAJA,** en algunos lugares de hasta **20 m.**

En **1912,** el crucero **RMS *TITANIC*** chocó en el **ATLÁNTICO** contra un **ICEBERG** y se hundió. Sus restos están ahora a **3800 m** de profundidad.

10 994 m es la **PROFUNDIDAD MÁXIMA CONOCIDA** de los océanos, en **Challenger Deep** en el océano Pacífico.

En la **Gran Barrera de Coral** de Australia hay **3000 ARRECIFES, 600 ESPECIES DE CORAL** y **3000 TIPOS DE MOLUSCOS.**

LOS PECES Y MOLUSCOS DE ARRECIFE alimentan a **30-40 millones** de personas.

DESIERTOS

Los desiertos son los lugares más secos de la Tierra. Reciben menos de 250 mm de lluvia al año. Algunos son calurosos, mientras que otros son fríos. Aunque los desiertos son entornos duros, albergan una fauna resistente.

Solo un **20%** de los **DESIERTOS** están cubiertos de **ARENA.**

92 KM/H alcanzó Henrik May **ESQUIANDO** en las **DUNAS** del **DESIERTO DEL NAMIB.**

HUEVOS FÓSILES DE DINOSAURIO descubiertos en el **DESIERTO DE GOBI** tenían **80 MILLONES DE AÑOS.**

Las **ratas canguro** del desierto de Sonora, en América del Norte, pueden saltar **2,75 m** para **ESCAPAR** de sus **PREDADORES.**

En 1903, **ARICA,** en Chile, una región del **desierto de Atacama,** inició una racha de **172 meses** **SIN** nada de **LLUVIA.**

En 2011, el iraní Reza Pakravan **RECORRIÓ EN BICICLETA 1734 KM**

A TRAVÉS DEL SÁHARA.

Tardó **13 DÍAS, 5 HORAS, 50 MINUTOS** y **14 SEGUNDOS.**

El **CACTUS SAGUARO** más alto registrado, de **23,8 m**, se encontró en el desierto de Sonora, Estados Unidos.

LA **ESTRUCTURA DE RICHAT** –una **CÚPULA DE ROCA** en el desierto del Sáhara– tiene un diámetro en su base de **45 km** y **ANILLOS** que parecen una **DIANA** si se ve desde el espacio.

Un grupo de **DUNAS** en China **SE MOVIÓ** más de **100 m** cada año entre **1954** y **1959.**

Las **dunas más altas** tienen más de **1000 m** de altura.

El **DESIERTO MÁS GRANDE** de América del Sur es el **DESIERTO DE LA PATAGONIA,** que tiene una superficie de aproximadamente **673000 km²**.

La **WELWITSCHIA** es una planta que crece en el **DESIERTO DEL NAMIB** en el sur de África y tiene una **LONGEVIDAD** estimada de **1500 AÑOS.**

La **MAYOR VARIACIÓN DE TEMPERATURA** tiene lugar en el desierto de Gobi. El **PROMEDIO MÁXIMO** es de **45 °C** y el **PROMEDIO MÍNIMO,** de **-40 °C.**

9,2 MILLONES DE km² es la **SUPERFICIE** que ocupa el **SÁHARA,** en el norte de África. Es el **MAYOR DESIERTO CÁLIDO** del mundo.

Los **camellos** fueron **DOMESTICADOS** en el **DESIERTO DE ARABIA** hace unos **5000 AÑOS.** Fueron llevados desde el **SÁHARA** en el **siglo I.**

El **PRIMER CAMELLO** llegó a Australia en **1840.** Hoy, **MÁS DE 1000000 DE CAMELLOS SILVESTRES** viven en los desiertos de **AUSTRALIA.**

300000 TONELADAS de **ARENA** fueron arrastradas del **DESIERTO DE GOBI POR TORMENTAS** en **2006.** La mayor parte terminó en **PEKÍN, CHINA,** a más de **1600 KM** de distancia.

En los POLOS

Las regiones polares de la Tierra tienen inviernos largos y oscuros y temperaturas gélidas. El Polo Norte está sobre el hielo a la deriva en el océano Ártico; y el Polo Sur, en el continente helado de la Antártida.

Cada año, en el **POLO NORTE** tienen lugar **solo 1 amanecer y 1 puesta de Sol.**

0 °C en el **POLO NORTE** y **−28,2 °C** en el **POLO SUR** son las **TEMPERATURAS MEDIAS** durante los **MESES DE VERANO.**

20 millones de **PINGÜINOS** viven en las **COSTAS DE LA ANTÁRTIDA** y su **OCÉANO.**

El **98%** de la Antártida está **cubierta de nieve y hielo.**

Hay unos **400 lagos** ocultos bajo la capa de hielo de la Antártida. El mayor de todos, el **LAGO VOSTOK,** tiene una superficie de **10 000 km².**

3794 m de altura tiene el **único volcán activo de la Antártida,** el monte Erebo.

En **1986,** la exploradora estadounidense **ANN BANCROFT** fue **la primera mujer** que llegó al **POLO NORTE,** tras viajar más de **1600 km** en **TRINEO.**

El **ÚNICO INSECTO NATIVO,** **el mosquito antártico,** pasa **9 meses** del año congelado.

En **1911,** el explorador noruego **ROALD AMUNDSEN** lideró la **PRIMERA EXPEDICIÓN** al **POLO SUR** con **52 PERROS.** **SOLO 12** hicieron el camino de vuelta.

El **COLMILLO EN ESPIRAL DEL NARVAL,** una pequeña ballena que vive en el océano Ártico, puede crecer hasta **3 m.**

En **2007,** el **SUBMARINO RUSO *MIR*** plantó una bandera en el **LECHO** del océano Ártico, **4261 m** bajo el **POLO NORTE.**

1258 personas viven durante el verano en la **BASE MCMURDO,** la mayor de las **70 bases permanentes de investigación** de la Antártida.

En **1978,** el argentino Emilio Marcos Palma fue la **PRIMERA PERSONA** que nació en la Antártida.

En **1959**, **12 PAÍSES** firmaron el **TRATADO ANTÁRTICO** y se comprometieron a preservar el continente para la **INVESTIGACIÓN CIENTÍFICA PACÍFICA** y a no explotar sus recursos.

18,3°C es la **TEMPERATURA MÁS ALTA** jamás registrada en la Antártida, en febrero de 2020.

En el Ártico viven unos **4 MILLONES** de personas.

El clima y el TIEMPO

El tiempo es el estado del ambiente en un momento dado: soleado o nublado, lluvioso o seco. Está determinado por los patrones de viento, temperatura, humedad y presión atmosférica. El clima son las condiciones promedio que se dan en una región a lo largo de un período de tiempo.

Un **CICLÓN TROPICAL** se clasifica como un huracán si sus vientos alcanzan los **119 KM/H.**

El **MAYOR CICLÓN TROPICAL** registrado fue el **TIFÓN TIP,** en **1979,** que tenía un diámetro de unos **2220 KM.**

Las **gotas** finas de lluvia caen en promedio a una **VELOCIDAD** de unos **22,5 KM/H**. Las más grandes, a **32 KM/H.**

En Misuri, Estados Unidos, en **1947,** cayeron **305 mm** de lluvia en solo **60 MINUTOS.**

En **2019**, hubo **1520 TORNADOS** en Estados Unidos. **77** de ellos tuvieron lugar el **27 MAYO.**

En **1972,** una ventisca de **7 DÍAS** de duración cubrió de **3-8 M DE NIEVE** gran parte de Irán.

En **MAWSYNRAM, INDIA,** cae anualmente un promedio de **11871 mm** de **LLUVIA,** la altura de **2 JIRAFAS.**

El guarda forestal Roy Sullivan fue alcanzado **7 veces** por **RAYOS** entre **1942** y **1977.**

PUNTA REYES (California, Estados Unidos) y **ARGENTIA** (Terranova, Canadá) son los lugares más **NEBLINOSOS** del mundo, con más de **200 DÍAS DE NIEBLA ANUAL.**

Los tornados de mayor intensidad tienen **VIENTOS** de más de **320 KM/H** de **VELOCIDAD.**

Todos los días caen sobre la Tierra más de **3 000 000 DE RAYOS.** Esto da un promedio de **44 RAYOS** por segundo.

19 de los 20 años de **TEMPERATURA MÁS ALTA** se han dado desde 2001. Los años **2016** y **2020** empatan como los **MÁS CÁLIDOS** registrados.

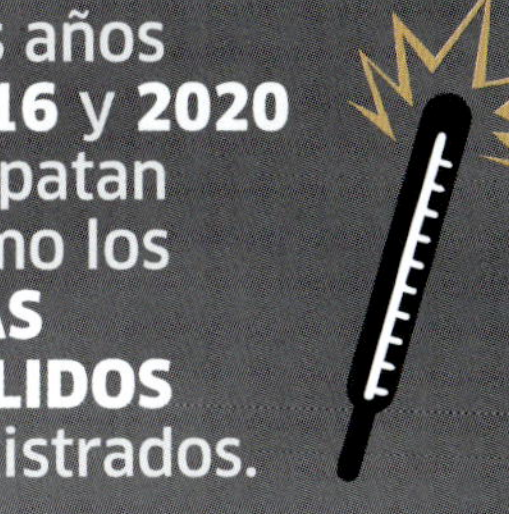

En promedio, un **RAYO** tiene **3-5 KM** de longitud, pero solo **2-3 CM** de anchura: un poco más ancho que tu pulgar.

Un rayo puede calentar el aire hasta unos **30 000 °C**, lo que hace que se expanda rápidamente y genere el **SONIDO DEL TRUENO.**

La **PIEDRA DE GRANIZO MÁS PESADA**, con **1,02 KG**, se registró en Bangladés en **1986.**

En **1654**, la familia italiana de los Medici creó la **PRIMERA RED METEOROLÓGICA**, con **11** estaciones meteorológicas en Europa.

El **COSTE** oficial estimado **DE LOS DAÑOS** del **HURACÁN KATRINA** en 2005 en Estados Unidos fue de **170 000 MILLONES DE DÓLARES.**

La temperatura media global en **2019** fue **1,1 °C** más alta que **250 AÑOS ATRÁS.**

La **LLUVIA ANUAL PROMEDIO** registrada en Quillagua, en el desierto de Atacama, Chile, entre 1964 y 2001 fue de solo **0,5 mm**.

NATURALEZA

CRIATURAS PREHISTÓRICAS

La vida comenzó en la Tierra hace más de 3500 millones de años y evolucionó hasta formar una extraordinaria variedad de plantas y animales. Los fósiles nos ofrecen una visión única de algunas de las criaturas que existieron hace millones de años, como los poderosos dinosaurios.

El ***TYRANNOSAURUS REX*** podía pesar hasta

7000 KG

y crecer hasta unos

12 m

de longitud.

El ***ARGENTINOSAURUS,*** uno de los animales terrestres más grandes, tenía

35 m

de longitud y podía pesar

70000 KG,

unas

10 VECES

más que un *Tyrannosaurus rex*.

El ***QUETZALCOATLUS,*** el mayor pterosaurio, era tan alto como una jirafa y sus alas tenían

11 m

de **ENVERGADURA.**

La mayoría de los **MAMUTS LANUDOS** murieron hace

10000 AÑOS;

el último, hace solo

4000 AÑOS.

El *Tyrannosaurus rex* tenía **60 dientes cónicos serrados,** de unos **20 cm** de longitud.

El ***Elasmosaurus*** era un plesiosaurio que tenía **72 huesos** en el **cuello.**

El **cráneo** de un *Tyrannosaurus rex* tenía **1,5 m** de longitud.

El término **«dinosaurio»,** que significa **«GRAN LAGARTO TEMIBLE»,** fue acuñado por sir Richard Owen en **1842.**

En **2020,** en las obras de construcción de un aeropuerto en México se encontraron **200 esqueletos de mamut.**

El **ESQUELETO T-REX** de un llamado Stan se subastó por **31,8 millones** de dólares en **2020.**

El ictiosaurio más grande conocido, el ***SHONISAURUS,*** podía alcanzar los **26 m** de longitud, ligeramente más pequeño que una ballena azul.

En **1947,** más de **500 *Coelophysis* FÓSILES** se descubrieron en el Ghost Ranch, en Nuevo México, Estados Unidos.

Se han descubierto y nombrado unas **700 ESPECIES DE DINOSAURIO.**

El *Smilodon*, un **TIGRE DIENTES DE SABLE** prehistórico, tenía dos colmillos de **28 cm** de **LONGITUD.**

En Australia se encontró la **MAYOR HUELLA FOSILIZADA DE DINOSAURIO,** de **1,75 m.**

VIDA microscópica

El mundo está lleno de organismos diminutos: bacterias, virus, algas, hongos, piojos, ácaros... Aunque son pequeños, pueden tener un gran impacto en nuestra vida: desde ayudarnos a digerir los alimentos hasta propagar algunas enfermedades que nos ponen en peligro.

La *Thiovulum majus* es una de las **BACTERIAS MÁS RÁPIDAS,** capaz de nadar hasta **60 VECES su longitud** en un segundo.

Las **CIANOBACTERIAS,** que evolucionaron hace unos **2400 MILLONES DE AÑOS,** fueron los primeros seres vivos en hacer la **FOTOSÍNTESIS** (crear alimento con oxígeno y luz solar).

Por lo menos **700** especies distintas de **BACTERIAS** y otros microbios **viven en tu boca.**

Los **TARDÍGRADOS** (animales microscópicos de 8 patas) son capaces de **SOBREVIVIR** sin disponer de agua ni comida durante más de **30 AÑOS.**

La *Caulobacter crescentus* es una bacteria que produce una **COLA A BASE DE AZÚCAR 3 veces MÁS FUERTE** que el pegamento.

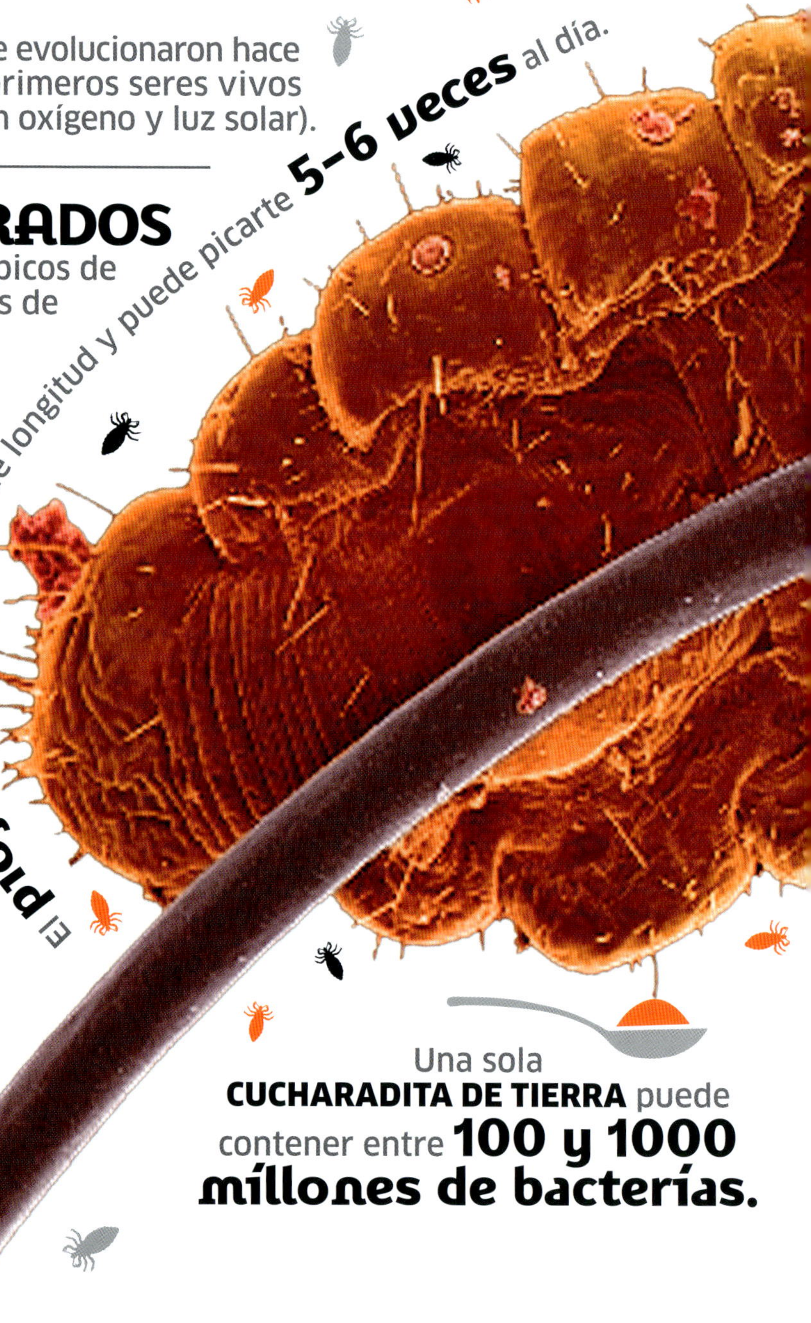

Hasta el **80%** del **OXÍGENO** del **MUNDO** lo produce el **fitoplancton.**

El **piojo** mide **2-4 mm** de longitud y puede picarte **5-6 veces** al día.

Una sola **CUCHARADITA DE TIERRA** puede contener entre **100 y 1000 millones de bacterias.**

LOS RESFRIADOS LOS CAUSAN MÁS DE

200

virus distintos. El más común de todos ellos es el **rinovirus.**

El **HONGO** de la **HORMIGA ZOMBI,** ***OPHIACORDYCEPS UNILATERALIS,*** se alimenta de la hormiga carpintera y la obliga a trepar **25 CM** por una planta en la que el **HONGO PUEDE PROSPERAR.**

Los **FÓSILES DE MICROBIOS** más antiguos conocidos son de hace más de **3500 MILLONES DE AÑOS.**

Unos **39 billones DE CÉLULAS MICROBIANAS,** incluidas bacterias, hongos y virus, viven en el **cuerpo humano.**

En **12 HORAS,** una única **BACTERIA** de ***E. COLI*** se multiplica en **70000 millones.**

Unas bacterias de ***E. COLI*** sobrevivieron **5 AÑOS Y 9 MESES** en el **ESPACIO** en el satélite Long Duration Exposure Facility de la NASA.

El científico holandés **Antonie van Leeuwenhoek** fue el primero en observar al microscopio **CÉLULAS DE PROTOZOOS,** en **1674,** y de **BACTERIAS,** en **1676.**

Una población de **PULGAS DE AGUA** puede multiplicarse **por 10** en solo **1 MES.**

Las pulgas pueden saltar hasta **200 VECES** su **LONGITUD CORPORAL.**

Con **0,75 mm,** la *Thiomargarita namibiensis,* la **BACTERIA MÁS GRANDE** del mundo, es **visible a simple vista.**

Fabulosa FLORA

Hay por lo menos 350 000 especies de plantas, desde helechos sin flor y árboles altísimos hasta rosas fragantes y delicadas margaritas. Producen parte del oxígeno que necesitamos para respirar a través de la fotosíntesis, y muchos animales dependen de ellas como su fuente de alimento.

Algunas especies de bambú crecen hasta **91 cm** en un día, por lo que son las **PLANTAS DE CRECIMIENTO MÁS RÁPIDO** del mundo.

Una sola **PLANTA DE AMBROSÍA** produce hasta **1000 millones de granos de polen.**

15 PLANTAS, como el arroz, el maíz y el trigo, producen el **90% de la energía** que se obtiene en el mundo de los alimentos.

Una **FRESA** tiene unas **200 semillas** que, curiosamente, están todas en su **EXTERIOR.**

La ***WELWITSCHIA*** es una planta del desierto que tiene **solo 2 hojas,** que pueden crecer hasta **4 M** de largo. Con ellas, la planta **OBTIENE AGUA** de la niebla.

Las hojas circulares del **NENÚFAR AMAZÓNICO** pueden medir hasta **2,5 M** y soportar hasta **45 KG** de peso sobre el agua.

El **ARO GIGANTE** tiene la **FLOR MÁS ALTA** del mundo, que llega a medir **3 m** de altura.

LA PLANTA CON FLORES MÁS ANTIGUA QUE SE CONOCE, la *Montsechia vidalii*, vivió hace unos **130 millones de años.**

Con un peso de hasta **25 KG** y hasta **50 CM** de longitud, el **COCO DE MAR** es la **SEMILLA MÁS GRANDE** del mundo.

Una especie de **AGAVE** puede tardar más de **25 AÑOS** en **FLORECER**, y entonces muere.

Las hojas de la **VENUS ATRAPAMOSCAS** tardan **100 MILISEGUNDOS** en cerrarse para **capturar un insecto.**

El girasol más alto, registrado en **2014** en Alemania, medía **9,17 m.**

Con **1 m** de diámetro y un peso de **11 KG,** la padma gigante es la **FLOR INDIVIDUAL MÁS GRANDE DEL MUNDO.**

En **2012,** científicos rusos cultivaron una ***SILENE STENOPHYLLA*** con semillas de **32 000 AÑOS** que hallaron **CONGELADAS** en el hielo de Siberia.

En 2019 se dio nombre científico a **1942 NUEVAS ESPECIES** de plantas.

Más del **90% DE LAS PLANTAS** son **PLANTAS CON FLORES.**

Para facilitar que el **VIENTO LAS DISPERSE,** las semillas del **ALSOMITRA MACROCARPA** tienen unas **ALAS** transparentes de **12 CM** de ancho.

Arañas, escarabajos e

INSECTOS

Nuestro planeta está repleto de insectos y otros animales como arañas, milpiés, chinches y garrapatas. Constituyen más del 90% de todas las especies de la fauna del mundo. Hace millones de años, los insectos fueron los primeros que pudieron volar. Hoy los encontramos en casi todos los hábitats del planeta.

LA ARAÑA DE LA CORTEZA DE DARWIN teje **TELAS** a través de ríos de hasta **25 m.**

Las **HORMIGAS CORTADORAS DE HOJAS LEVANTAN** hasta **50 VECES** su **PESO.**

La **MOSCA** saborea usando sus **PATAS,** más de **10 000 VECES MÁS SENSIBLES** que nuestra lengua.

Cada **OJO COMPUESTO** de una **LIBÉLULA** contiene hasta **30000** lentes.

1 MILLONÉSIMA DE GRAMO del veneno de una **ARAÑA BANANERA** puede matar a **41 RATONES.**

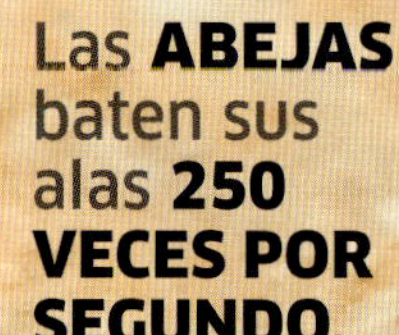

Las **ABEJAS** baten sus alas **250 VECES POR SEGUNDO.**

El **INSECTO PALO GIGANTE** es uno de los **INSECTOS MÁS LARGOS** del mundo, y llega a medir hasta **50 CM**.

LA ORUGA DE *GYNAEPHORA GROENLANDICA* del Ártico **SE CONGELA** en invierno y puede tardar **14 AÑOS** en transformarse en una **MARIPOSA.**

Con **0,15 mm** de longitud, la ***KIKIKI HUNA,*** una especie de avispa, es el **INSECTO VOLADOR MÁS PEQUEÑO** del mundo.

Las **ABEJAS** vuelan unos **88 500 km,** más de 2 veces la distancia alrededor de la Tierra, para producir **SOLO 1 TARRO DE MIEL.**

El animal con más patas es el **MILPIÉS** ***ILLACME PLENIPES*:** las hembras pueden tener hasta **750 PATAS,** y los machos tienen hasta **562.**

La **ORUGA** de la ***ANTHERAEA POLYPHEMUS*** puede comer **86 000 veces** su propio peso en menos de **2 MESES.**

La **LONGITUD** de una de las **ARAÑAS MÁS PEQUEÑAS** del mundo, la ***PATU DIGUA*,** es de **0,37 mm** aproximadamente el grosor de un **ALFILER.**

La **HORMIGA DRÁCULA** cierra sus **MANDÍBULAS** a una velocidad de hasta **90 m** por segundo

La **ENVERGADURA** de la **MARIPOSA MÁS GRANDE,** la mariposa alas de pájaro de la reina Alexandra, es de **30 CM.**

UN ESCARABAJO PELOTERO puede arrastrar **1141** veces su peso.

Las **ranas** pueden **SALTAR** hasta **70 CM** en el aire, acelerando con una fuerza de hasta **400 VECES** la de la gravedad.

Algunas especies de **CICADAS PERIÓDICAS** viven bajo tierra durante **13** o **17 AÑOS** antes de **EMERGER** como adultas.

La distancia que cubren las patas de una **TARÁNTULA GOLIAT ES DE 28 cm,** aproximadamente el tamaño de un **PLATO NORMAL.**

Fantásticos

PECES

En los mares y los lagos y ríos del mundo viven más de 33000 especies de peces. Su tamaño puede ser desde el de una uña hasta el de un autobús. Los peces respiran bajo el agua mediante branquias, y muchos tienen escamas resbaladizas que les ayudan a moverse fácilmente por el agua.

El pez **CABEZA DE SERPIENTE DEL NORTE** puede respirar y estar **FUERA DEL AGUA** hasta **4 días.**

El **CABALLITO DE MAR MACHO** lleva los huevos que pone la hembra y pare **50-1500 crías,** que se conocen como alevines.

El **ESTÓMAGO DEL PEZ LEÓN COLORADO** es capaz de **EXPANDIRSE** hasta **30 VECES.**

Al **PEZ SAPO** le bastan solamente **0,006 segundos para comerse a su presa.**

Se creía que el **CELACANTO** se había **EXTINGUIDO** hace **65 MILLONES DE AÑOS,** hasta que se capturó uno en la costa de Sudáfrica en **1938.**

Un **KAJIKIA AUDAX** puede alcanzar hasta **4,2 M** de longitud.

El pez arquero lanza un **CHORRO DE AGUA** a una distancia de hasta **2 m** para hacer caer al agua los insectos que quiere comerse.

El **PEZ CARACOL DE LAS MARIANAS** es el que vive a mayor profundidad: **8000 m.**

La **VELOCIDAD MÁXIMA** del pez vela —el **PEZ MÁS RÁPIDO DEL OCÉANO**— son **110 KM/H.**

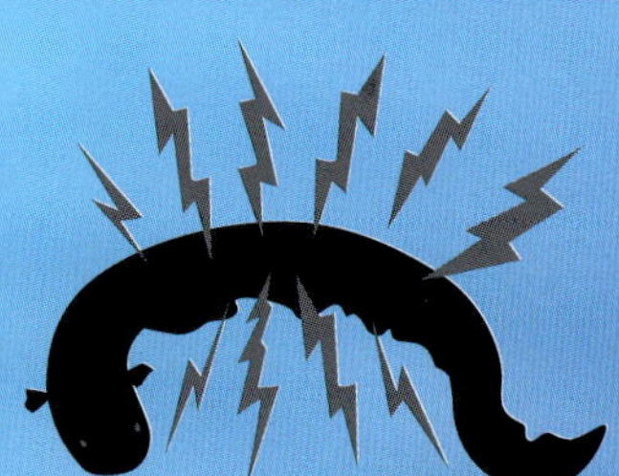

La **ANGUILA ELÉCTRICA** aturde a sus presas con una descarga de **500 VOLTIOS.**

Se han visto **BANCOS DE SARDINAS** de hasta **7 KM** de longitud.

En la **GRAN BARRERA DE CORAL** viven por lo menos

1625

especies distintas de **PECES.**

El **PEZ MÁS PEQUEÑO DEL MUNDO,** el *Paedocypris progenetica*, mide solamente

7,9 mm

de largo.

Un pez volador puede **PROPULSARSE FUERA DEL AGUA** a una velocidad de hasta

72 KM/H

y **DESLIZARSE EN EL AIRE** hasta **400 M.**

Una especie de **GÓBIDO** puede subir una cascada de

100 m

valiéndose de las **VENTOSAS DE SU BOCA Y ABDOMEN.**

El pez luna puede llegar a poner

300 MILLONES

DE HUEVOS DE UNA VEZ.

El pez **RELOJ ANARANJADO** puede vivir más de

140 AÑOS.

El **PEZ GLOBO** tarda solamente **10 segundos** en inflarse.

Tiburones y RAYAS

A diferencia de la mayoría de los peces, el esqueleto de los tiburones y las rayas es cartilaginoso. Los tiburones suelen tener dientes afilados, mientras que las rayas son de cuerpo plano y tienen colas largas y venenosas. Hay más de 500 especies de tiburones y 600 de rayas.

EL TIBURÓN PEREGRINO crece hasta los **11 m** de **LARGO** y pesa hasta **7 TONELADAS,** lo mismo que un **AUTOBÚS PEQUEÑO.**

Al **TIBURÓN TROZO** le crecen (y pierde) hasta **35000 dientes** a lo largo de toda la vida.

Pese a su fama, es raro que un **TIBURÓN ATAQUE** a una persona. Solo se han documentado **57 ataques** y **10 MUERTES** en **2020.**

El tiburón ballena **—EL PEZ MÁS GRANDE DEL MUNDO—** crece hasta **19 M** de longitud.

LOS TIBURONES EXISTEN desde hace **400 MILLONES DE AÑOS,** mucho antes que los **DINOSAURIOS.**

El **TIBURÓN MÁS VELOZ** es el **TIBURÓN MAKO,** capaz de nadar a una velocidad de más de **56 KM/H.**

Un **GRAN TIBURÓN BLANCO** tiene **300 DIENTES ASERRADOS** triangulares, cada uno de **7,5 CM** de longitud.

El **TIBURÓN MACHO MÁS PEQUEÑO** es el **TIBURÓN LINTERNA ENANO,** que mide **SOLO 16 CM** de largo.

LAS RAYAS MOBULA saltan

2 m

sobre la superficie del agua, y caen con una sonora **PANZADA.**

Muchas de las

200

diversas especies de

RAYAS DE AGUIJÓN

pueden **ROMPER** almejas y moluscos con sus **MANDÍBULAS.**

En **2016,** los científicos localizaron un **TIBURÓN DE GROENLANDIA** con una edad de unos

400 AÑOS.

El gran tiburón blanco detecta olores tan sutiles como el de

1 parte por 25 millones.

Puede detectar un débil aroma a

MÁS DE 500 m de distancia.

La película ***TIBURÓN,*** de **STEVEN SPIELBERG,** hizo aumentar en **1975** el miedo a los tiburones, aunque solamente un **6 % de las especies** ha **ATACADO A PERSONAS** alguna vez.

Con **15-18 M** de largo, el ***OTODUS MEGALODON*** **PREHISTÓRICO** era el

TIBURÓN CARNÍVORO MÁS GRANDE.

Tenía **MÁS DE 200 LARGOS DIENTES DE 18 CM** en su **GRAN BOCA DE 2-3 M.**

Una **MANTA RAYA GIGANTE** pesa hasta

2400 KG

–**4 VECES MÁS** que un oso polar– y crece hasta **7 M** de **ANCHO.**

Escamosos

REPTILES

Desde las salamanquesas más pequeñas hasta los cocodrilos más fuertes, más de 10 000 especies de reptiles viven en la tierra y en el mar. La mayoría de estas criaturas de sangre fría ponen huevos, aunque algunas dan a luz a crías vivas.

El **MORRO** estrecho y largo del **GAVIAL** tiene más de **100 DIENTES** afilados como agujas, entrelazados.

El **animal** terrestre **más antiguo,** una **TORTUGA GIGANTE DE LAS SEYCHELLES** llamada Jonathan, cumplió **190 años** en **2022.**

El **VENENO** de la **MAMBA NEGRA** puede matar a una persona en solo **20 MINUTOS.**

La **TUÁTARA** se parece a un lagarto y vive unos **100** años.

Los **6,5 MILLONES** de **SETAS,** o pelos microscópicos, de las patas de la salamanquesa le permiten **ESCALAR PAREDES** y **COLGARSE** del techo.

La lengua del **CAMALEÓN PIGMEO** de nariz rosada sale **2,5 veces** la longitud de su cuerpo.

La **tortuga caimán** puede **MORDER** con una fuerza de **450 KG,** suficiente para atravesar un **HUESO HUMANO.**

La **MAYOR ANACONDA VERDE** —la serpiente más pesada del mundo— conocida pesaba

227 KG

y medía

8,43 m

de largo.

La **TORTUGA VERDE** puede **ESTAR SIN RESPIRAR**

MÁS DE 5 HORAS

bajo el agua y su **LATIDO CARDÍACO ENLENTECE** sus pulsaciones hasta

1 cada 9 minutos.

Con apenas

1,6 cm

de largo, el **MENOR LAGARTO** del mundo es tan diminuto que cabe en una **MONEDA.**

El **BASILISCO VERDE** es capaz de **CORRER SOBRE EL AGUA** a

11,3 KM/H

hasta 5 m. También es un **BUEN NADADOR** y puede estar sumergido durante **10 MINUTOS.**

Durante **41 años,** Solitario George, la **TORTUGA GIGANTE DE PINTA,** fue el **ÚLTIMO MIEMBRO** de su especie.

Los colmillos de la **VÍBORA DEL GABÓN** tienen

5 cm

y son los **MÁS LARGOS** de una serpiente.

La **VÍBORA DE FOSETA,** que vive en los árboles del Sudeste Asiático, llega a los **95 cm** de largo.

La **MORDIDA** de la serpiente taipán contiene **VENENO SUFICIENTE** para matar a más de

250000 ratones.

El cocodrilo marino es el **REPTIL MÁS PESADO** del mundo, con un peso de hasta

1000 KG

TOP 10 LAS SERPIENTES MÁS LARGAS

1 PITÓN RETICULADA • *Malayopython reticulatus* • 10 M • Sudeste de Asia

Estas serpientes gigantes, que se encuentran en bosques y humedales, pueden pesar más de 140 kg. Tienden emboscadas y oprimen a sus presas, entre las que hay aves, ciervos y otros mamíferos.

2 ANACONDA VERDE • *Eunectes murinus*
8-9 M • Norte de Sudamérica

A diferencia de la mayoría de las serpientes, las anacondas verdes dan a luz a crías vivas en lugar de poner huevos.

3 PITÓN AMATISTA • *Morelia amethistina*
8,5 M • Indonesia, Australia, Papúa-Nueva Guinea, Filipinas

Muy esbelta, la pitón amatista tiene escamas iridiscentes que brillan de color púrpura a la luz del Sol.

4 PITÓN AFRICANA DE ROCA • *Python sebae*
7 M • África subsahariana

Conocida por su ferocidad, entre las presas de la pitón africana de roca hay grandes antílopes y jabalíes verrugosos.

5 PITÓN DE BIRMANIA • *Python bivittatus*
5,74 M • India, Sudeste de Asia, China

La pitón de Birmania puede estirar tanto sus mandíbulas como para engullir animales 5 veces más anchos que su cabeza.

6 COBRA REAL • *Ophiophagus hannah*
5,71 M • India, Sudeste de Asia, China

El veneno de la mordida de la cobra real podría matar a 20 personas, por lo que es la serpiente más venenosa del mundo.

7 PITÓN DE LA INDIA • *Python molurus*
4-5 M • Sur de Asia

La hembra de la pitón de la India incuba una puesta de hasta 100 huevos temblando para producir calor.

8 ANACONDA AMARILLA • *Eunectes notaeus*
4,6 M • Sur de Sudamérica

Las hembras de las anacondas amarillas crecen hasta el doble de la longitud de los machos de la especie.

9 BOA CONSTRICTOR • *Boa constrictor*
4,3 M • Sudamérica, Centroamérica

Como otras muchas serpientes, la boa constrictor caza enrollando su cuerpo alrededor del de su presa hasta que esta se asfixia.

10 MAMBA NEGRA • *Dendroaspis polylepis*
4,3 M • África subsahariana

Cuando se siente amenazada, la mamba negra sisea y abre su boca negra y oscura, de donde viene su nombre.

Asombrosos

ANFIBIOS

Los anfibios, que viven tanto en la tierra como en el agua, se llaman así por la palabra griega que significa «dos vidas». Hay más de 8300 especies de anfibios, como las ranas, los sapos, los tritones, las salamandras o las cecilias.

El proteo es una salamandra que vive en una **cueva** y puede estar **SIN COMER** hasta **10 AÑOS.**

LA CECILIA MÁS GRANDE, la cecilia de Thompson, puede llegar a **152 CM** de longitud.

LA RANA DE DARDO VENENOSA tiene bastante **TOXINA PARA MATAR A 10 personas** o a **20000 ratones.**

En 1935 se importaron **102 SAPOS DE CAÑA** a Australia para luchar contra una plaga de escarabajos de la caña. En **2010,** su **NÚMERO** era de **más de 200 millones.**

En India, la **RANA PÚRPURA** pasa **50 SEMANAS** al año bajo tierra y solo sale a la superficie **2 SEMANAS** en la estación de los monzones para **CRIAR.**

El anfibio más grande del mundo, la **SALAMANDRA GIGANTE CHINA,** mide unos **1,8 m** de longitud y pesa alrededor de **60 KG.**

La **RANA GOLIAT AFRICANA** es la **MAYOR DEL MUNDO.** Puede pesar hasta **3,3 KG** y mide unos **30 CM.**

LA RANA AUSTRALIANA *LITORIA NASUTA* puede saltar hasta **50 VECES** su **LONGITUD CORPORAL.**

El **AJOLOTE,** una salamandra de México, puede **REGENERAR UNA EXTREMIDAD PERDIDA** en **2 MESES.**

La hembra del **TRITÓN CRESTADO DEL NORTE** pone hasta **600 HUEVOS** en la temporada de cría.

LA RANA TORO AFRICANA hiberna bajo tierra durante **10 meses** al año en la estación seca.

La **RANA DE OJOS ROJOS** utiliza sus **ventosas DE 6 LADOS** para no caer mientras duerme.

La **BOCA** del **ESCUERZO ARGENTINO,** también conocido como **RANA PACMAN,** mide la **mitad DE LOS 15 CM DE LONGITUD DE SU CUERPO.**

LA RANA MÁS PEQUEÑA DEL MUNDO, la *Paedophryne amanuensis*, mide solo **7,7 mm.**

La **RANA VOLADORA DE WALLACE** vive en los árboles y **PLANEA** hasta **15 M** con sus pies palmeados.

Con **25 CM,** el **RENACUAJO** de la **RANA PATITO** es **4 VECES** más grande que la **RANA ADULTA.**

La **RANA DE DARWIN** macho cría a sus renacuajos en el saco vocal **50–70 DÍAS.**

El mundo de las AVES

Con unas 10 000 especies, las aves tienen todo tipo de formas y tamaños, desde diminutos colibríes hasta imponentes avestruces. Son los únicos animales vivos con plumas y la mayoría pueden volar. Todas ellas ponen huevos con cáscara dura y tienen alas.

El ave más rápida en vuelo horizontal es el **VENCEJO MONGO,** que es capaz de desplazarse a velocidades de hasta **170 KM/H.**

EL TEJEDOR REPUBLICANO construye nidos **TAN GRANDES** que albergan hasta a **400 PÁJAROS.**

El **COLIBRÍ ZUNZUNCITO** pesa **1,6 G,** menos que una pelota de tenis de mesa.

La **ENVERGADURA** del **CÓNDOR ANDINO** –la mayor ave de presa– es de **3 M.**

Con un peso de solo **17 G,** la **COLLALBA GRIS** vuela cada año hasta **15000 KM** en su migración entre Alaska y África.

En su descenso en picado, **el halcón peregrino** alcanza velocidades de más de **320 KM/H,** lo que lo convierte en el animal más rápido.

La longitud de la **cola de plumas** del pavo real es de **1,8 M,** lo que representa más del **60 %** de su **LONGITUD CORPORAL.**

El cascanueces americano llega a enterrar durante el otoño más de **30000 semillas.**

El avestruz alcanza una **ALTURA** de **2,75 M.** Su cuello representa casi la **MITAD DE SU ALTURA.**

Para mantener el calor en su frío hábitat, el **CISNE CHICO** cuenta con más de

25000 plumas.

Un **BÚHO NIVAL** adulto come más de

1600 lemmings al año.

El **CANTO** del **CAMPANERO BLANCO MACHO** alcanza unos ensordecedores

125 decibelios,

más que muchos conciertos de rock.

El **COLIBRÍ** bate las alas hasta **200 veces** por segundo.

Con una **ENVERGADURA** de hasta

3,5 m,

el **ALBATROS VIAJERO** puede volar más de

1000 km

en un solo día.

La **AGACHADIZA REAL** es el **ave migratoria más veloz,** con una velocidad máxima de

97 km/h.

Viaja unos

6800 km al año.

El **PICO DEL TUCÁN** mide

19 cm.

Es el **PICO MÁS GRANDE** de todas las aves con relación a su cuerpo.

En su **COMPLEJO CANTO,** el **CHOCHÍN COMÚN** emite unas

700 notas por **minuto.**

El **BUITRE MOTEADO** puede volar a una altitud de

11280 m, 600 m MÁS QUE UN AVIÓN DE PASAJEROS.

El **PINGÜINO EMPERADOR** se sumerge hasta

500 m

para buscar alimento en el lecho marino.

Grandes

FELINOS

Estos sigilosos depredadores están entre los animales más bellos y mortales del planeta, y también entre los más amenazados. Se valen de su agilidad, velocidad y potencia explosiva para cazar a sus presas. Hay siete especies de grandes felinos: leones, tigres, jaguares, leopardos, leopardos de las nieves, guepardos y pumas.

Un **GUEPARDO** puede acelerar de **0 a 96 KM/H** en solo **3 SEGUNDOS.**

CUANTO MÁS OSCURA ES SU MELENA, más viejo es un león. Suelen vivir **13-15 AÑOS.**

El leopardo de las nieves vive a **ALTITUDES** de hasta **5859 m, MÁS QUE CUALQUIER OTRO** gran felino.

De **NOCHE,** el **TIGRE VE 6 veces** mejor que una persona.

EL RUGIDO DEL LEÓN se oye desde **5-8 KM** de distancia.

El **JAGUAR** es el **mayor** felino de **AMÉRICA.** Mide hasta **1,7 m** de longitud y pesa hasta **120 KG.**

Hay **9 SUBESPECIES DE TIGRE, 3** de las cuales (los tigres de Bali, del Caspio y de Java) ya **EXTINTAS.**

Como todos los grandes felinos, el **CACHORRO DEL JAGUAR** es **CIEGO AL NACER** y solo comienza a **VER** pasados **14 DÍAS.**

EL TERRITORIO DEL TIGRE SALVAJE se ha reducido en un **96 %** en los últimos **150 años.**

Una leona puede correr hasta a **81 KM/H.**

EL JAGUAR RECORRE HASTA 10 KM durante la noche en busca de sus **PRESAS.**

Solo quedan **23000 leones** en libertad. Hace un siglo había unos **200000.**

Un **LEÓN MACHO** puede comerse hasta **40 KG** de **CARNE** de una sentada: más o menos el **15%** de su peso corporal.

El **TIGRE** suele **DORMIR** unas **15,8 HORAS AL DÍA.**

El **LEOPARDO** puede **SUBIR** a lo alto de un árbol **EL CUERPO** de un animal **2 o 3 VECES** más grande que él para alejarlo de los carroñeros.

El **GUEPARDO** puede correr **100 M** en **5,95 segundos,** casi el **DOBLE** de rápido que los **9,58 SEGUNDOS DEL RÉCORD** de Usain Bolt.

LOS CACHORROS DE PUMA tienen al nacer unas **MANCHAS NEGRAS** que desaparecen aproximadamente cuando cumplen **6 meses.**

La magnífica

BALLENA

Estos mamíferos acuáticos son algunos de los animales más grandes del mundo. Se encuentran en todos los océanos, desde los cálidos trópicos hasta los helados mares polares.

7m de ancho tiene la **aleta de cola** de la ballena azul.

La **BALLENA DE GROENLANDIA** tiene la **BOCA MÁS GRANDE** que cualquier otro animal, con **2,4 M** de ancho y **4,9 M** de largo: como **3 PERSONAS.**

Las **CRÍAS** de ballena jorobada pueden beber hasta **600 LITROS** de **LECHE** al día.

La **BALLENA JOROBADA** pesa **36 TONELADAS.**

Hay **2 TIPOS** de ballenas: las **BARBADAS** y las **DENTADAS.**

Los **CACHALOTES** pueden alcanzar profundidades de **3 KM** en busca de presas.

La **BALLENA AZUL** puede llegar a medir más de **30 m** de largo.

El **CORAZÓN** de la **BALLENA AZUL** puede pesar hasta **200 KG,** el **MÁS GRANDE** del reino animal.

La **BALLENA AZUL** puede **FILTRAR**
3630 KG DE KRILL
al día con las **LARGAS CERDAS** de su boca, las **BARBAS.**

El **BALLENATO DE CUVIER** puede **ESTAR SIN RESPIRAR** hasta
3 horas y 42 minutos
cuando se sumerge.

LAS CRÍAS DE BALLENA AZUL pesan unos **2700 KG** y miden unos **8 M** de largo.

Los cachalotes **DUERMEN** en posición **VERTICAL** a unos **10 M** de profundidad.

En total se conocen unas **90 ESPECIES** de **BALLENAS, DELFINES** y **MARSOPAS.**

La **BALLENA JOROBADA** salta **SOBRE EL AGUA** a una velocidad de hasta **28 KM/H.**

El **canto de la ballena jorobada** se compone de **DISTINTOS SONIDOS** y puede durar hasta **35 minutos.**

La ballena jorobada **MIGRA A AGUAS MÁS CÁLIDAS** para criar, y recorre una distancia de unos
8300 km
para ir y para volver.

Una **BALLENA AZUL** puede pesar **150 toneladas,** lo que equivale al peso de **32 elefantes asiáticos.**

El cachalote tiene el **MAYOR CEREBRO** de todos los animales, con un peso de unos **7,8 KG.**

LAS BALLENAS DE GROENLANDIA viven hasta
200 AÑOS.

Fabulosos

OSOS

Estos mamíferos son sorprendentemente ágiles, buenos escaladores y, en algunos casos, expertos nadadores. Los hay en todos los continentes excepto en África, Australia y la Antártida.

Existen **8** **ESPECIES DE OSOS.** La novena, el oso del Atlas —la **ÚNICA AFRICANA**— se extinguió a **FINALES DEL SIGLO XIX.**

Un **OSO GRIS** puede capturar **más de 30 salmones al día** en la **TEMPORADA DE DESOVE DEL SALMÓN.**

Menos del 2 % de los intentos de cazar del **OSO POLAR** tienen **ÉXITO.**

En **2011** se registró a un **OSO POLAR** que **NADÓ SIN DESCANSO** una distancia de **687 KM** durante un tiempo de **232 HORAS** en el mar de Beaufort.

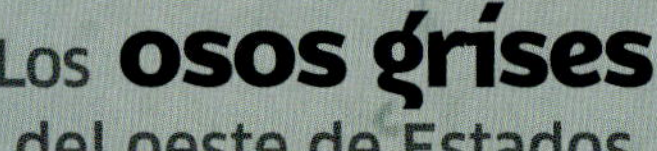

Los **osos grises** del oeste de Estados Unidos **COMEN** hasta **40000** **GUSANOS CORTADORES** al día.

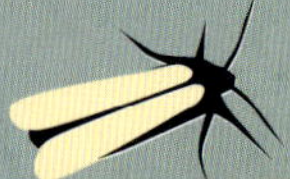

La **ÚNICA ESPECIE DE OSO** de **SUDAMÉRICA** es el **OSO DE ANTEOJOS.** Come principalmente **FRUTAS, PLANTAS Y BULBOS**, y solo el **5 %** de su **DIETA** se compone de **CARNE.**

El **PANDA GIGANTE** debe **COMER 10-16 HORAS AL DÍA** para digerir los nutrientes que necesita. Consume hasta **EL 38 %** de su **PESO CORPORAL EN BAMBÚ TODOS LOS DÍAS.**

En promedio, el **PANDA GIGANTE PESA** unos **100 G AL NACER.** Eso es **900** veces menos que lo que pesa su madre.

El **RITMO CARDÍACO DEL OSO NEGRO** puede **DISMINUIR** de **40-50** a solo **8 LATIDOS POR MINUTO** al **DORMIR** profundamente en invierno.

EL OSO GRIS MACHO puede llegar a pesar hasta **360 KG.**

Con una **VELOCIDAD MÁXIMA DE 40-50 KM/H** en distancias cortas, una **PERSONA NO PODRÍA ESCAPAR DE UN OSO NEGRO.**

La **lengua** del **OSO MALAYO** mide unos **20-25 cm.** La emplea para extraer **MIEL DE LOS PANALES.**

Quedan unos **26000** osos polares que **VIVEN EN LIBERTAD.**

El olfato del **OSO POLAR** le permite percibir el **OLOR** de una foca a una distancia de **MÁS DE 1000 M,** incluso si se esconde **BAJO UNA CAPA DE HIELO** de **1 M DE GROSOR.**

EL OSO NEGRO engorda casi **14 KG POR SEMANA** entre verano y principios de otoño para prepararse para su sueño hibernal.

EL OSO PEREZOSO vive en Sri Lanka e India. Crece hasta los **2 M** y carga a sus crías a la espalda hasta que tienen **6-9 MESES.**

PRIMATES

Hay más de 400 especies de primates, desde los pequeños lémures y los tarseros de ojos saltones hasta los ingeniosos chimpancés y los grandes gorilas. Estos notables mamíferos varían mucho entre sí, pero la mayoría tienen el cerebro bien desarrollado y gran habilidad manual.

Hay **5 TIPOS** de **GRANDES SIMIOS:** gorilas, chimpancés, orangutanes, bonobos, **y... ¡nosotros!**

El **OJO** del **TARSERO,** de **16 mm** de diámetro, mide lo **MISMO** que su **CEREBRO.**

Los **MONOS ARDILLA** emplean al menos **26 llamadas distintas** para **COMUNICARSE** con el grupo.

Las manos del **AYE-AYE** tienen **6 DEDOS.** Entre ellos hay un diminuto **FALSO PULGAR** para agarrarse, y un **DEDO SUPERLARGO** con el que golpea los árboles hasta **11 VECES** por segundo para detectar insectos.

El **LORIS PEREZOSO** tiene **2 LENGUAS.** La inferior le sirve para **limpiar sus DIENTES frontales.**

El extinto simio ***GIGANTOPITHECUS BLACKI,*** que vivía en Asia hace entre **300000 y 2000000 DE AÑOS,** tenía una **ALTURA** de **3 M** y podía **PESAR** hasta **500 KG.**

El **orangután** tiene una de las **infancias MÁS LARGAS** de todos los animales, pues su madre cuida de él **6 AÑOS.**

El **MONO PATAS** corre hasta a **55 KM/H,** lo que lo convierte en el **MONO MÁS VELOZ** del mundo.

El **lémur de cola anillada** tiene **13 BANDAS BLANCAS Y NEGRAS** en la cola. Los machos restriegan su cola en las **SUSTANCIAS MALOLIENTES** de sus glándulas odoríferas y la blanden contra sus rivales en **PELEAS FÉTIDAS.**

El **CHIMPANCÉ MÁS VIEJO DEL QUE SE TIENE CONSTANCIA,** Little Mama, murió en 2017 con **76–82 años.**

Con un peso de solamente **25–38 G,** el **LÉMUR RATÓN PIGMEO** es el **PRIMATE MÁS PEQUEÑO** del mundo.

Los **DIENTES** del **MANDRIL** macho miden hasta **6,5 cm.**

Un **GORILA RECIÉN NACIDO** pesa **1,4–1,8 KG,** la **mitad** de lo que suele pesar **un bebé humano.**

La **nariz** del **MONO NARIGUDO** crece hasta casi **18 cm** de largo.

EL ORANGUTÁN se pasa alrededor del **80–90 %** del **TIEMPO EN LOS ÁRBOLES.**

Los científicos enseñaron a **KOKO,** un **GORILA OCCIDENTAL DE LLANURA,** a entender **MÁS DE 1000 PALABRAS EN LENGUA DE SIGNOS.**

El gibón de Hainan es el **PRIMATE MÁS RARO** del mundo. Se cree que quedan en libertad menos de **30.**

TOP 10
LOS MÁS PESADOS DE LA TIERRA

1

ELEFANTE AFRICANO DE SABANA • *Loxodonta africana* • **4000-7000 KG**
África central y meridional

El animal más pesado de la tierra come durante 18 horas al día para mantener su gran cuerpo. Está en peligro de extinción, ya que quedan menos de 315 000 ejemplares en estado salvaje.

2

ELEFANTE DE SELVA AFRICANO • *Loxodonta cyclotis* • **2700-6000 K**
África central y occidental

La extensa caza furtiva y las bajas tasas de reproducción han provocado que el elefante de selva africano esté en peligro crítico de extinción.

3

ELEFANTE ASIÁTICO • *Elephas maximus* • **3000-5000 KG**
Sur de Asia, Sudeste Asiático

El elefante asiático tiene las orejas más pequeñas que sus parientes africanos y vaga por hábitats selváticos más fríos.

4

RINOCERONTE BLANCO • *Ceratotherium simum* • **1800-2500 KG**
África central y meridional

Con dos subespecies, el rinoceronte blanco está amenazado por la caza furtiva. Solo sobreviven dos rinocerontes blancos del norte.

5

MORSA • *Odobenus rosmarus* • **1200-2000 KG**
Regiones árticas de América del Norte, Europa y Asia

Su grasa aislante constituye una gran parte del peso de la morsa y la mantiene caliente en los mares del Ártico.

6

RINOCERONTE DE JAVA • *Rhinoceros sondaicus* • **900-2300 KG**
Sudeste Asiático

El raro rinoceronte de Java tiene la piel de color gris-marrón y un cuerno afilado que puede llegar a medir 25 cm.

7

HIPOPÓTAMO • *Hippopotamus amphibius* • **1400-1500 KG**
África central y meridional

Este agresivo devorador de plantas tiene la boca más grande de todos los animales terrestres, y se sabe que ataca a los humanos.

8

JIRAFA • *Giraffa camelopardalis* • **600-1900 KG**
África central y meridional

Con un cuello imponente y largas patas, la jirafa puede medir hasta 5,5 m, lo que le permite alcanzar sus hojas favoritas en las altas acacias.

9

RINOCERONTE NEGRO • *Diceros bicornis* • **900-1350 KG**
África central y meridional

El rinoceronte negro, en peligro crítico de extinción, se alimenta de hojas por la noche y duerme durante los calurosos días africanos.

10

BÚFALO DE AGUA SALVAJE • *Bubalus arnee* • **800-1200 KG**
Sur de Asia, Sudeste Asiático

Vive en manadas y le gusta tomar el sol en hábitats fangosos o acuáticos para mantenerse fresco y disuadir a las moscas y otras plagas.

Más de la mítad de todos los huesos del cuerpo están en las **MANOS Y LOS PIES:** 
27 en cada **MANO** y
26 en cada **PIE.**

Si juntáramos todos los **vasos sanguíneos** del cuerpo sumarían unos **100 000 km,** unas **2,5 VECES LA CIRCUNFERENCIA DE LA TIERRA.**

El **músculo masetero** es el **MÁS FUERTE DEL CUERPO.** Puede cerrar las mandíbulas con un **MORDISCO DE UNA FUERZA** de hasta **91 KG.**

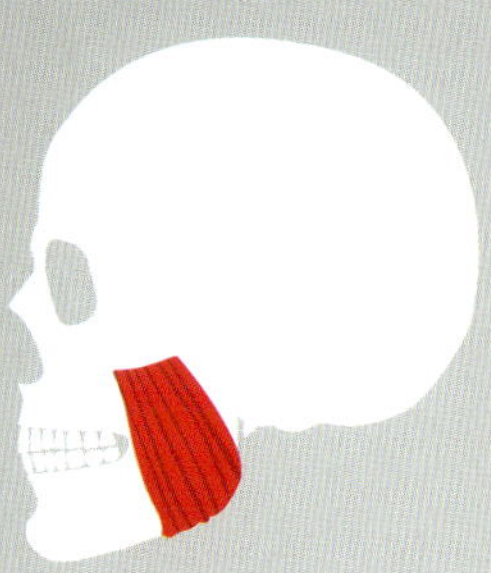

Cada día el estómago segrega hasta **1,5 LITROS** de **JUGOS GÁSTRICOS,** que contienen **ÁCIDO CLORHÍDRICO.**

La columna se **COMPRIME** durante el día y se **ESTIRA** mientras dormimos. Por eso somos **1 cm MÁS ALTOS** al levantarnos que al irnos a la cama.

LOS PULMONES contienen más de **300 millones** de **SAQUITOS DE AIRE** llamados alveolos.

Tenemos **360 articulaciones** que nos ayudan a **movernos y doblarnos.**

La **COLUMNA VERTEBRAL** es una pila de **33 HUESOS CIRCULARES** llamados vértebras.

Tu increíble

CUERPO

El cuerpo humano está formado por billones de células que se agrupan para formar órganos, huesos y tejidos. Estos trabajan juntos en grandes redes que llevan a cabo funciones vitales, desde la digestión de los alimentos hasta el transporte de la sangre por el cuerpo.

El cuerpo produce unos **1,5 LITROS** de **ORINA** todos los días, lo que llenaría

6 vasos.

Los **RIÑONES** filtran unos **200 LITROS** de **SANGRE** cada **24 horas.**

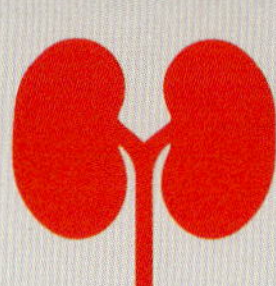

El **ADN** de una sola **CÉLULA HUMANA** mediría **1,8 m** de largo si pudiéramos estirarla.

Al nacer tenemos casi **300 HUESOS,** pero a medida que crecemos algunos **SE FUSIONAN.** Un adulto tiene **206 HUESOS.**

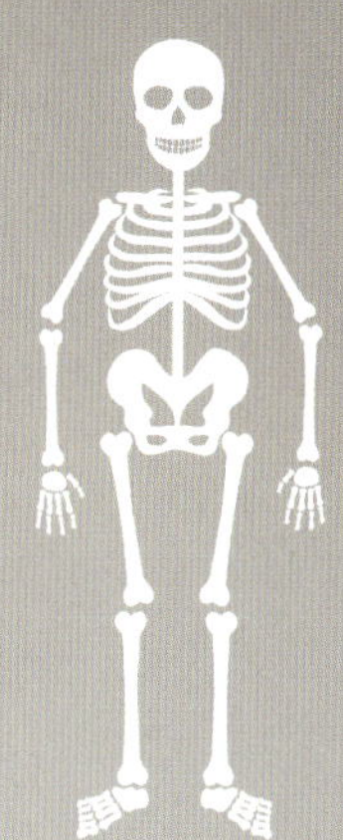

Con **7 m** de largo, el **INTESTINO DELGADO** es la parte más extensa del **SISTEMA DIGESTIVO.**

El **GLÚTEO MAYOR,** en nuestro trasero, es el más grande entre los más de **650 MÚSCULOS** de nuestro cuerpo.

En una vida promedio, el **CORAZÓN HUMANO LATE** más de **3 billones de veces.**

Una sola **GOTA DE SANGRE** contiene **25000 GLÓBULOS BLANCOS.**

2-3 millones DE GLÓBULOS ROJOS son creados por la médula ósea **CADA SEGUNDO.**

Las **GLÁNDULAS SALIVALES** producen unos **0,5-1,5 LITROS** de saliva **CADA DÍA.**

El hígado tiene **MÁS DE 500 FUNCIONES,** desde **FILTRAR LA SANGRE** hasta ayudar a la **DIGESTIÓN.**

Cuando estamos en reposo, respiramos hasta **20 veces por minuto,** es decir **28800 veces al día.**

Nuestra nariz puede **DETECTAR** más de
20000
olores distintos.
La **RETINA** del ojo tiene unos
130 millones
de **CÉLULAS FOTOSENSIBLES** con las que vemos colores.
Los humanos **PARPADEAMOS** alrededor de
415 millones
de veces a lo largo de toda la vida.
Nuestras **PAPILAS GUSTATIVAS** son reemplazadas cada
2 SEMANAS.
La lengua de un niño tiene **10000 papilas,** y la de un adulto solo **6000.**

En **UN MES** las **UÑAS DE LAS MANOS** crecen unos

3,5 mm,

mientras que las de los **PIES** solo crecen

1,6 mm.

La **PIEL** es el **MAYOR ÓRGANO** del cuerpo, y representa el

16 %

de la masa corporal.

Super

SENTIDOS

Los cinco sentidos principales son el gusto, el olfato, el oído, la vista y el tacto. Los órganos de los sentidos, como los ojos, los oídos y la nariz, captan las señales que nos rodean y las envían al cerebro, que indica al cuerpo cómo reaccionar.

Las células de la parte superior de la **NARIZ PRODUCEN TODOS LOS DÍAS**

1 LITRO

de **MOCO.**

Unas

15000

CÉLULAS CILIADAS del oído te ayudan a detectar el **SONIDO.**

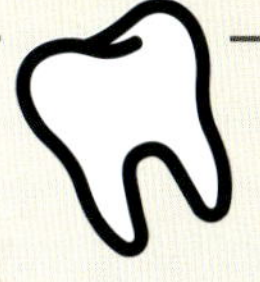

La sustancia **MÁS DURA** del cuerpo es el **ESMALTE DENTAL.** En un **96 %** se compone del mineral **HIDROXIAPATITA.**

LA LENGUA se compone de

8 MÚSCULOS

que te ayudan a hablar y a mover los alimentos al comer.

La **LENGUA** tiene unas

200

PROTUBERANCIAS EN FORMA DE PEQUEÑAS SETAS, cada una con **15 papilas gustativas.**

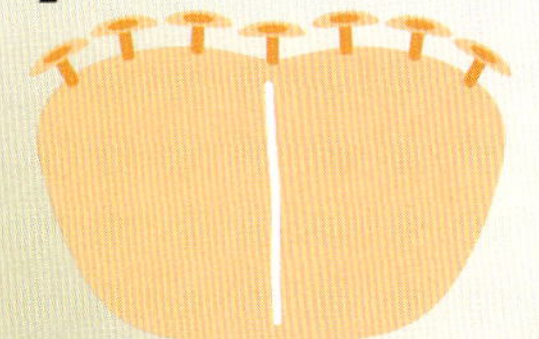

Los humanos **RENOVAMOS LA CAPA EXTERNA DE LA PIEL CADA 2-4 semanas.** A lo largo de la vida, esto puede representar

35 KG

de **PIEL MUERTA.**

Una **CABEZA POBLADA** contiene más de

100000

CABELLOS. Unos

50-100

se caen todos los días.

El **TÍMPANO** es una **MEMBRANA** del oído de **9 mm** de diámetro que **VIBRA** al ser golpeada por las ondas sonoras.

1 cm² de **PIEL** contiene **3 VASOS SANGUÍNEOS, 100 GLÁNDULAS SUDORÍPARAS** y **154 TERMINACIONES NERVIOSAS**.

El **ESTRIBO,** un diminuto hueso del oído interno, es el **hueso más pequeño** del cuerpo, con

3 mm.

Nuestro

CEREBRO

Protegido por el cráneo y conectado con el resto del cuerpo por una gran red de nervios, el cerebro controla los movimientos y las funciones del cuerpo, los pensamientos, las decisiones y la memoria.

El **CEREBRO FLOTA** en unos **150 ml** de **LÍQUIDO CEFALORRAQUÍDEO,** que actúa como un **AMORTIGUADOR DE GOLPES.**

CADA NEURONA (célula nerviosa) tiene hasta **10 000 CONEXIONES** con otras neuronas.

Nuestro **CEREBRO** es **4 veces MÁS PESADO** que el de nuestro pariente más cercano, el **CHIMPANCÉ.**

Con unos 1,3-1,4 KG, tu cerebro representa alrededor del **2 % DE TU PESO CORPORAL.**

El encéfalo se compone de **3 partes:** el **CEREBRO** controla las acciones, el habla y los sentimientos; el **CEREBELO** coordina el movimiento y el equilibrio, y el **TRONCO CEREBRAL** controla los reflejos.

EL CEREBRO HUMANO contiene unos **200 000 MILLONES DE CÉLULAS.** La mitad son **NEURONAS** que mandan **SEÑALES ELÉCTRICAS** a otras partes del cuerpo.

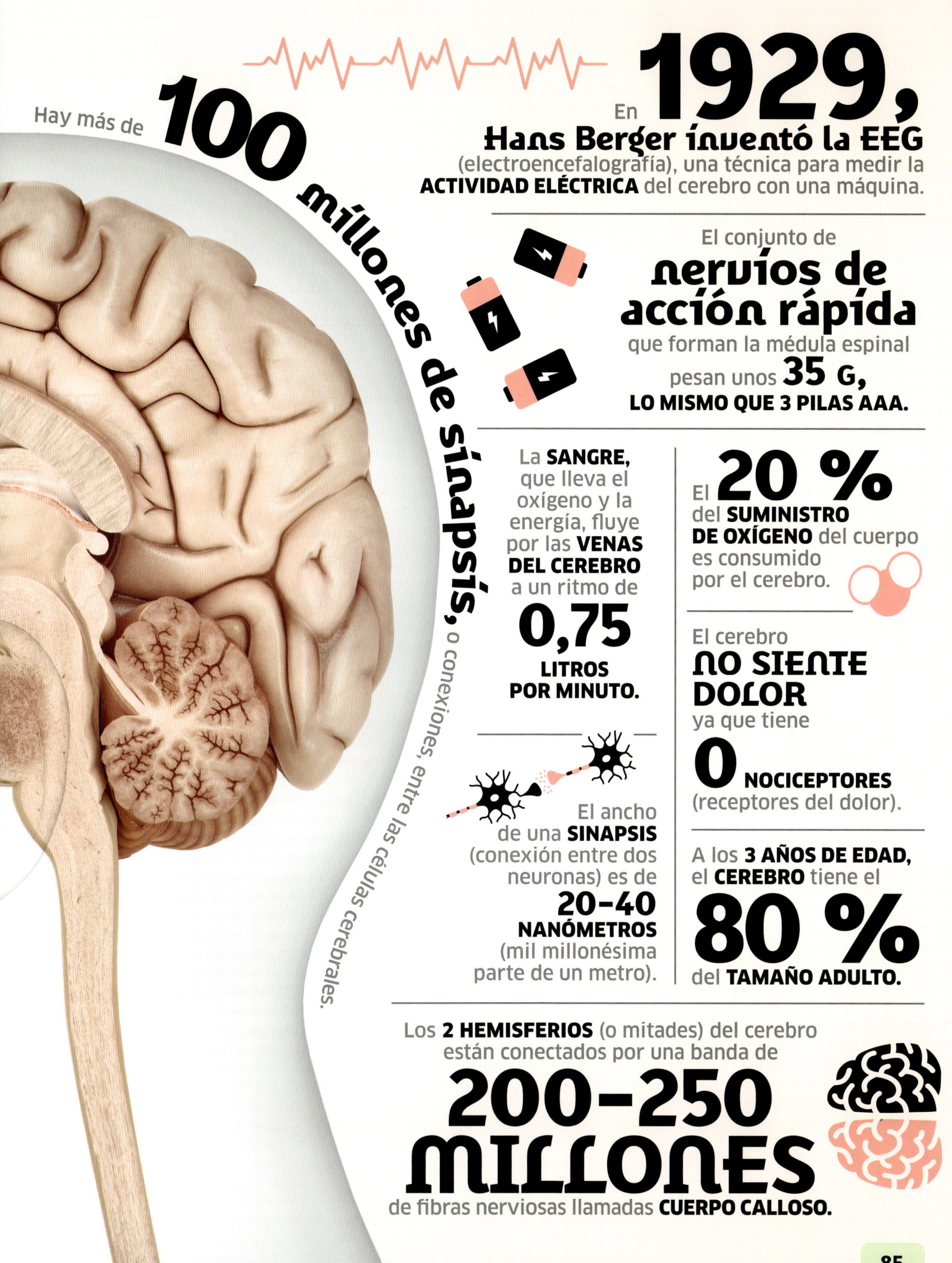

Hay más de **100 millones de sinapsis**, o conexiones, entre las células cerebrales.

En **1929, Hans Berger inventó la EEG** (electroencefalografía), una técnica para medir la **ACTIVIDAD ELÉCTRICA** del cerebro con una máquina.

El conjunto de **nervios de acción rápida** que forman la médula espinal pesan unos **35 G, LO MISMO QUE 3 PILAS AAA.**

La **SANGRE,** que lleva el oxígeno y la energía, fluye por las **VENAS DEL CEREBRO** a un ritmo de **0,75 LITROS POR MINUTO.**

El ancho de una **SINAPSIS** (conexión entre dos neuronas) es de **20-40 NANÓMETROS** (mil millonésima parte de un metro).

El **20 %** del **SUMINISTRO DE OXÍGENO** del cuerpo es consumido por el cerebro.

El cerebro **NO SIENTE DOLOR** ya que tiene **0 NOCICEPTORES** (receptores del dolor).

A los **3 AÑOS DE EDAD,** el **CEREBRO** tiene el **80 %** del **TAMAÑO ADULTO.**

Los **2 HEMISFERIOS** (o mitades) del cerebro están conectados por una banda de **200-250 MILLONES** de fibras nerviosas llamadas **CUERPO CALLOSO.**

Apestosos

CACA, PIS Y MOCOS

La mayoría de las criaturas, incluidos los humanos, producen muchos productos de desecho, como caca, mocos y orina. Por muy asquerosas que sean estas sustancias, todas cumplen funciones vitales, como la de eliminar las bacterias dañinas y mantener el cuerpo sano.

Un gigantesco montón de **CACA DE PÁJARO Y MURCIÉLAGO** (o **GUANO**), que se extrajo en Perú en el siglo XIX tenía más de **60 m** de altura, más que la **TORRE INCLINADA DE PISA** en Italia.

Una **VACA LECHERA** produce unos **98–190 LITROS** de **SALIVA DIARIA.**

Un **WÓMBAT** produce hasta **100 CACAS EN FORMA DE CUBO** en una noche. Algunos de estos cubos de unos **2 CM** los usa para **MARCAR SU TERRITORIO.**

Una **APHELORIA** segrega cianuro de hidrógeno, que es tan **TÓXICO QUE PUEDE MATAR 18 PALOMAS o 6 RATONES.**

El **PEZ LORO** mastica coral y minerales duros y **DEFECA** unos **450 KG** de **ARENA** al año.

Una persona expulsa unos **20 000 LITROS DE GASES** a lo largo de la vida, suficiente para llenar **2000 GLOBOS.**

Los **PEDOS, ERUCTOS** y **CACAS** de las vacas, cerdos, corderos y el resto del ganado son los responsables del **14,5 % DE LAS EMISIONES GLOBALES DE GASES DE EFECTO INVERNADERO.**

Un **PANDA GIGANTE** hace caca unas **40 VECES AL DÍA.**

Para protegerse, el **PEZ GLOBO DEL PACÍFICO** produce unos **24 LITROS DE BABA.**

En promedio, una **CACA HUMANA** contiene unas **250 MICROPARTÍCULAS DE PLÁSTICO.**

La **MOFETA** tarda unos **10 días** en rellenar su depósito de **OLOR FÉTIDO** después de haberlo fumigado.

ALREDEDOR DEL
75%
de la caca
humana es
AGUA.
De media, la CACA HUMANA tiene
210 calorías
de energía, lo suficiente
para cargar
24 móviles.
Las jirafas se sacan los MOCOS PEGAJOSOS de la nariz con su LENGUA VISCOSA, DE 50 CM.
Los ASTRONAUTAS
del APOLO dejaron
96 BOLSAS
DE CACA HUMANA en
la superficie de la LUNA.
UNA VACA produce unos
300 LITROS
de METANO cada día.
El PIS HUMANO contiene
unos 3000
RESIDUOS QUÍMICOS.
La ORUGA del hespérido
LANZA SU CACA a unos
1,5m
de distancia, es decir
38 veces su longitud.
El
ELEFANTE
hace caca unas
12-15
VECES AL DÍA
y produce unos
100 KG
DE HECES.

GENTE Y CULTURA

Un mundo lleno de

GENTE

La población del mundo ha experimentado muchos cambios en el último siglo, desde la tasa de natalidad hasta la libre circulación de personas. Más gente que nunca se traslada a las ciudades, y la diferencia de recursos entre ricos y pobres es cada vez mayor.

El **48 %** de los **MIGRANTES INTERNACIONALES** en 2019 fueron **MUJERES.**

En 2020, el **56,2%** de las personas del mundo **VIVÍAN EN CIUDADES.** Esa cifra se espera que **AUMENTE** hasta el **68 %** en 2050.

HACE 250 AÑOS, la expectativa de vida era de **28,7 AÑOS.** En 2019, la cifra había aumentado hasta los **72,6 AÑOS.**

En **2020** nacieron **140 millones de bebés** en el mundo.

En **2017,** la **TASA DE NATALIDAD MEDIA GLOBAL** era de solo **2,4 bebés por mujer,** frente a los **4,7** de **1950.**

Más de **55 MILLONES DE PERSONAS** visitaron Hong Kong en **2019.**

El **9,2 %** de la gente vive por **DEBAJO** del **UMBRAL DE POBREZA,** es decir, que vive con **MENOS DE 1,90 DÓLARES POR DÍA.**

En 2018, el **PATRIMONIO** de las **26 PERSONAS MÁS RICAS** equivalía al de las **3 800 000 000 MÁS POBRES.**

A más de **800 MILLONES DE PERSONAS** les falta el **ALIMENTO NECESARIO** para cubrir sus **NECESIDADES NUTRICIONALES.**

La **POBLACIÓN DEL MUNDO** se espera que alcance los **9700 MILLONES** en **2050.**

79,5 MILLONES de **REFUGIADOS** han sido desplazados de su hogar por **GUERRAS, DESASTRES NATURALES O PERSECUCIÓN.**

Más de **272 MILLONES** de personas (un **3,5 %** de la población del mundo) viven en un **PAÍS DISTINTO** a aquel en el que han nacido.

Los **PUEBLOS INDÍGENAS** son el **5 %** de la población mundial y el **15 % DE LAS PERSONAS QUE VIVEN EN SITUACIÓN DE pobreza.**

En 2019, **141 millones DE MIGRANTES INTERNACIONALES** vivían en **EUROPA** o **NORTEAMÉRICA.**

En **2018,** los **MENORES DE 18 AÑOS** constituían el **52 %** de la población refugiada mundial.

En **2018,** había más personas **de más de 65 años** que **de menos de 5.**

Actualmente hay más personas que **viajan** que en cualquier otra época de la historia. En 2019 hubo casi **4397 MILLONES DE VUELOS,** aproximadamente **10 veces más** que en 1975.

Fue la **CIUDAD MÁS VISITADA** durante **10 AÑOS,** entre 2010 y 2019.

La Tierra y sus CONTINENTES

Los siete continentes del mundo son África, Asia, Europa, Australasia y Oceanía, América del Norte, América del Sur y la Antártida. Todos los continentes están divididos en países, salvo la Antártida, que no pertenece a ningún país. Los continentes y sus habitantes son muy variados.

SUDAMÉRICA

El **82 %** de los **Norte-americanos** viven en **CIUDADES,** más que en cualquier otro continente.

Solo un **0,5 %** de la población del mundo vive en **OCEANÍA.** Con una superficie de **21 KM²,** Nauru es el **PAÍS MÁS PEQUEÑO DE OCEANÍA.**

Más de la **MITAD** del **CRECIMIENTO DE LA POBLACIÓN MUNDIAL** en **2050** se espera que ocurra en **África.**

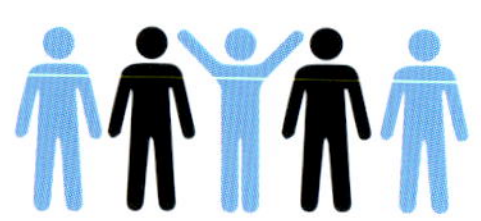

Alrededor del **60 %** de la población total del mundo vive **EN ASIA.**

5 de los **10 PAÍSES MÁS PEQUEÑOS** del mundo se encuentran en **EUROPA:** el Vaticano, Mónaco, San Marino, Liechtenstein y Malta.

Hasta hace **200 millones de años,** la Tierra tenía un único **SUPERCONTINENTE** llamado **PANGEA.**

8 de cada **10** países con **MÁS AEROPUERTOS** están en **AMÉRICA** del **NORTE** o del **SUR.** Estados Unidos es el país que más tiene: **13 513.**

5 países (Rusia, Turquía, Georgia, Kazajistán y Azerbaiyán) están en **2 CONTINENTES:** Europa y Asia.

Aunque sus **290 600** habitantes viven en **SUDAMÉRICA,** la **GUAYANA FRANCESA** es parte de **FRANCIA** y tiene el **EURO** como moneda.

Los humanos **(*HOMO SAPIENS*)** evolucionaron hace **300 000 AÑOS** en **ÁFRICA.**

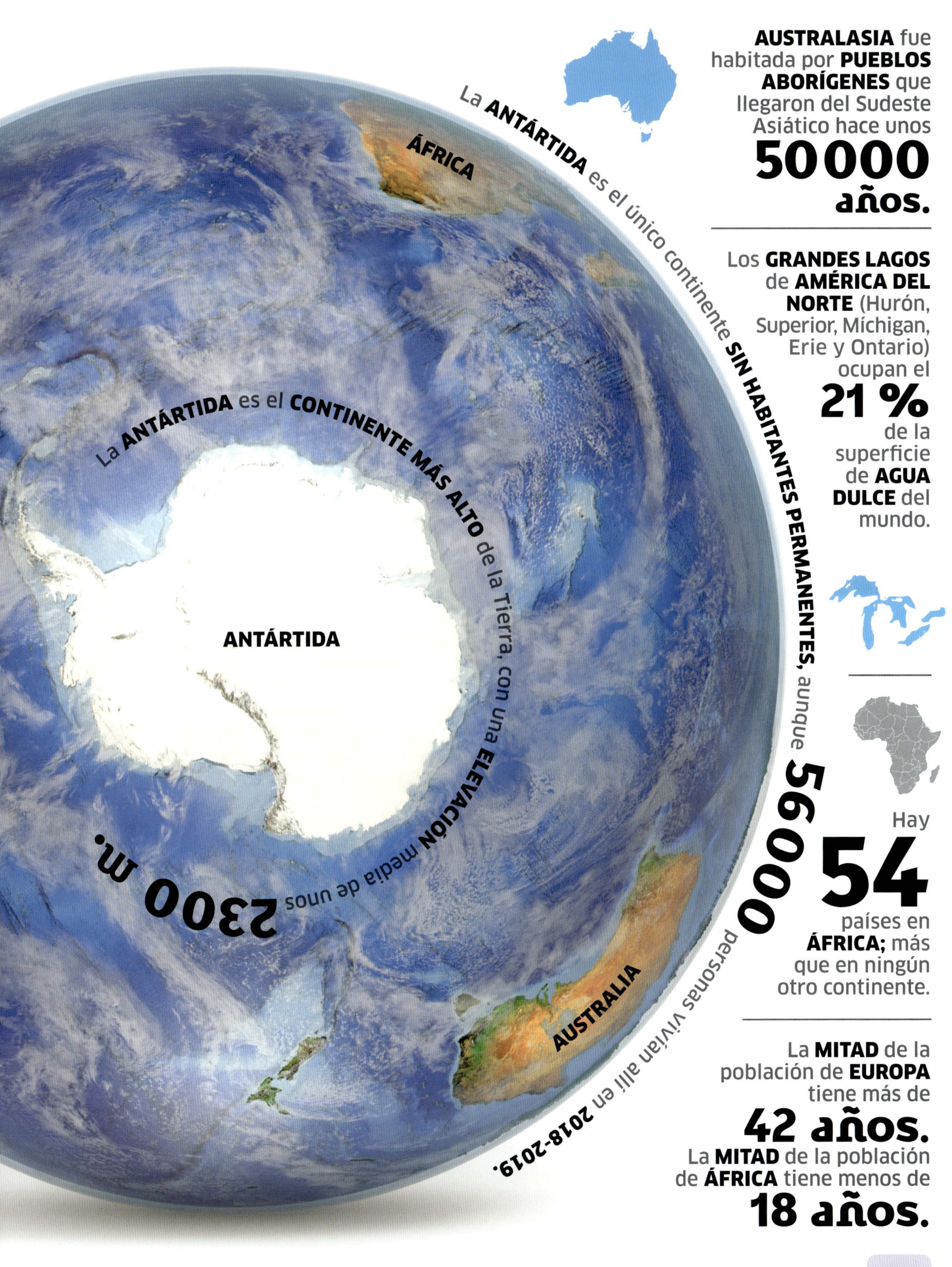

La **ANTÁRTIDA** es el único continente **SIN HABITANTES PERMANENTES**, aunque **56 000** personas vivían allí en **2018-2019.**

La **ANTÁRTIDA** es el **CONTINENTE MÁS ALTO** de la Tierra, con una **ELEVACIÓN** media de unos **2300 m.**

AUSTRALASIA fue habitada por **PUEBLOS ABORÍGENES** que llegaron del Sudeste Asiático hace unos **50 000 años.**

Los **GRANDES LAGOS** de **AMÉRICA DEL NORTE** (Hurón, Superior, Míchigan, Erie y Ontario) ocupan el **21 %** de la superficie de **AGUA DULCE** del mundo.

Hay **54** países en **ÁFRICA;** más que en ningún otro continente.

La **MITAD** de la población de **EUROPA** tiene más de **42 años.** La **MITAD** de la población de **ÁFRICA** tiene menos de **18 años.**

Los PAÍSES

Desde vastas naciones que se extienden a lo largo de continentes hasta diminutos estados interiores y grupos de islas, los países son territorios que tienen su propio gobierno. Hay unos 200 países independientes.

Más de
1400 MILLONES
de personas viven en China, el país con la **MAYOR POBLACIÓN** del mundo.

Con su punto más alto a solo **2,4 M**, las **MALDIVAS** son el **PAÍS MÁS BAJO DEL MUNDO.**

En **2011,** **SUDÁN DEL SUR** se convirtió en el **PAÍS MÁS RECIENTE,** cuando el **98,8 %** de los votantes optaron por la **INDEPENDENCIA.**

El **49,8 %** de la población de **URUGUAY** vive en una ciudad: **MONTEVIDEO.**

17 países africanos, entre ellos Camerún, Togo y Chad, se **INDEPENDIZARON** en **1960.**

CIUDAD DEL VATICANO es el **ESTADO INDEPENDIENTE MÁS PEQUEÑO** del mundo. Con **0,44 km²,** es unas **7 veces más pequeño** que el Central Park de Nueva York.

ECUADOR y **CHILE** son los **únicos 2 PAÍSES SUDAMERICANOS** que no comparten **FRONTERA POR TIERRA** con **BRASIL.**

Con una superficie de **316 KM², MALTA** es el estado miembro más **pequeño** de la **UNIÓN EUROPEA.**

MONGOLIA es el **PAÍS MENOS DENSAMENTE POBLADO,** con un promedio de **2 PERSONAS** por **KILÓMETRO CUADRADO.**

325 fronteras terrestres internacionales separan los **PAÍSES DEL MUNDO** y sus **TERRITORIOS.**

INDIA es la **MAYOR DEMOCRACIA** del mundo. **MÁS DE 900 MILLONES DE PERSONAS** podían votar en sus **ELECCIONES GENERALES DE 2019.**

Un total de **17 500 ISLAS** forman **INDONESIA.**

En **1893, NUEVA ZELANDA** fue el primer país que dio el derecho de **voto** a las **mujeres.**

SRI LANKA fue el primer país presidido por una **MUJER** primera ministra, **SIRIMAVO BANDARANAIKE,** en **1960.**

México tuvo **3 PRESIDENTES DISTINTOS** en **1 DÍA** (19 de febrero de 1913).

Entre **1988** y **1991,** se produjo la **MAYOR DISOLUCIÓN** de un solo país, cuando la **Unión Soviética** se convirtió en **RUSIA** y otros **14 ESTADOS.**

En 2007, **SUIZA** invadió accidentalmente **LIECHTENSTEIN** cuando **170 SOLDADOS SUIZOS** entraron en el país vecino al **CRUZAR LA FRONTERA** sin darse cuenta.

Canadá y Estados Unidos comparten la **FRONTERA CONTINUA MÁS LARGA** del mundo, con **8891 KM** en total.

Hay más de **50 millones** de **CANGUROS** en Australia, el **DOBLE** que personas.

LIECHTENSTEIN, el **SEXTO** país más pequeño, es uno de los mayores exportadores de **DENTADURAS POSTIZAS.**

RUSIA, el **PAÍS MÁS GRANDE** del mundo, se extiende por **11 HUSOS HORARIOS.** Cuando en Moscú son las **7:00,** en el este del país son las **16:00.**

Vibrantes

CAPITALES

Casi todos los países tienen una capital, que suele ser el centro del gobierno, el comercio y la cultura. Algunas son pequeños asentamientos, mientras que otras son la mayor ciudad del país.

Hay más de **900 IGLESIAS** en **ROMA,** la capital de **ITALIA.**

Unos **3 590 000** pasajeros diarios transitan por **SHINJUKU,** la estación de tren **MÁS CONCURRIDA** del mundo, en **TOKIO,** la capital de Japón.

–1,3 °C es la temperatura media anual de **ULÁN BATOR, MONGOLIA,** una de las capitales **MÁS FRÍAS.**

En **ABUYA,** la capital de Nigeria hay un monolito de **400 m** de altura llamado **ASO ROCK.**

El nombre oficial de **Bangkok** contiene **168 letras,** y se abrevia como *Krung Thep* («Ciudad de los Ángeles»).

Durante **13 AÑOS,** entre **1808** y **1821,** **RÍO DE JANEIRO,** en Sudamérica, fue la capital de un país de **EUROPA, PORTUGAL.**

Situada en **PARÍS,** capital de **FRANCIA,** la **TORRE EIFFEL** recibe anualmente unos **7 MILLONES DE VISITANTES.**

Entre **1790** y **1800**, **FILADELFIA** fue la capital de **ESTADOS UNIDOS**, mientras **WASHINGTON, DC**, se estaba construyendo.

Con **140 m**, la **AVENIDA 9 DE JULIO** de **BUENOS AIRES, ARGENTINA**, es la calle **MÁS ANCHA** del mundo.

El año **43** es la fecha aproximada en la que **LONDRES**, la capital de Inglaterra, fue fundada como **LONDINIUM** por los romanos.

PEKÍN, la capital de **CHINA**, tiene **699,3 km** de **VÍAS DE TREN** y **405 ESTACIONES.**

A una **LATITUD** de **41 GRADOS SUR, WELLINGTON, NUEVA ZELANDA**, es la capital **más meridional** del planeta.

SUDÁFRICA tiene **3 capitales:** **PRETORIA** para el gobierno, **CIUDAD DEL CABO** para el Parlamento y **BLOEMFONTEIN** para los tribunales.

Damasco, la capital de **SIRIA**, es una de las **CIUDADES** del mundo **MÁS ANTIGUAS**. Está habitada aproximadamente desde el **10 000 a.C.**

YAKARTA, la capital de **INDONESIA**, tiene **13 ríos** y se **HUNDE** una media de **1-15 CM** anuales.

Separadas por el **RÍO CONGO**, las capitales **KINSHASA**, en la República Democrática del Congo, y **BRAZZAVILLE**, en la República del Congo, se hallan a menos de **4 km** de distancia

39 MILLONES es la población que se calcula que tendrá **NUEVA DELHI**, la capital de India, en 2030, por lo que será la **CIUDAD MÁS POBLADA** del mundo.

LA TV TUVO PROHIBIDO emitir los **JUEVES** en **REIKIAVIK, ISLANDIA**, durante **21 AÑOS** (1966-1987).

たのめーる
大塚商会
歌舞伎町
Kabukicho
歌舞伎町
Kabukicho
まつげ本舗

TOP 10
LAS CIUDADES MÁS POPULOSAS

1 **TOKIO** • Japón • **37,34 MILLONES**

Importante centro político y económico, es la capital de Japón. En los últimos años, la tasa de natalidad ha bajado y la afluencia de trabajadores extranjeros ha disminuido, por lo que se prevé que pierda el primer puesto en 2030.

2 **DELHI** • India
31,18 MILLONES

Además de tener un centro urbano en expansión, la capital de India cuenta con un casco histórico repleto de arquitectura mogol.

3 **SHANGHÁI** • China
27,80 MILLONES

Shanghái es conocida por su horizonte de rascacielos y por ser un importante centro de finanzas y negocios.

4 **SÃO PAULO** • Brasil
22,24 MILLONES

Llamada así en honor a san Pablo, São Paulo es una ciudad rica que alberga 111 grupos étnicos diferentes.

5 **CIUDAD DE MÉXICO** • México
21,92 MILLONES

Situada en un valle de la Sierra Madre, Ciudad de México está a 2240 m sobre el nivel del mar.

6 **DACA** • Bangladés
21,74 MILLONES

Varios grandes ríos fluyen alrededor de la densamente poblada Daca, situada en el fértil delta del Ganges.

7 **EL CAIRO** • Egipto
21,32 MILLONES

Llena de arquitectura islámica y bulliciosos bazares, El Cairo está cerca de Guiza, donde se encuentra la Gran Pirámide.

8 **PEQUÍN** • China
20,90 MILLONES

El ajetreado centro de Pekín alberga lugares históricos, como la Ciudad Prohibida, y las modernas instalaciones olímpicas de 2008.

9 **BOMBAY** • India
20,67 MILLONES

Rodeada casi por completo por el mar, es la cuna de Bollywood, la popular industria cinematográfica india en lengua hindi.

10 **OSAKA** • Japón
19,11 MILLONES

Se conoce a Osaka como la «cocina de Japón» por su abundante oferta culinaria de gran calidad.

LENGUAS

Hablar siempre es bueno. El lenguaje nos permite comunicarnos y transmitir nuestras ideas, emociones y conocimientos con sonidos que forman palabras. Con los años, las distintas lenguas han aumentado y disminuido su popularidad y, en ocasiones, han tomado prestadas palabras unas de otras.

La ONU cuenta con **6 lenguas oficiales: ÁRABE, CHINO, ESPAÑOL, FRANCÉS, INGLÉS** y **RUSO.**

En **Nigeria,** se hablan **517 LENGUAS,** más que en ningún otro país **AFRICANO.**

El **INGLÉS** cuenta con aproximadamente **600 000 PALABRAS,** más que **NINGUNA OTRA LENGUA** del mundo.

El **SILBO** es una lengua que consiste en **silbidos.** Ha permitido a los habitantes de **LA GOMERA,** en las **ISLAS CANARIAS, COMUNICARSE** a distancias de hasta **5 km.**

Alrededor del **40 %** de las **LENGUAS** del mundo están en peligro de **DESAPARECER.**

Más de la **MITAD** de la población del mundo es **bilingüe,** es decir que habla **2 LENGUAS CON FLUIDEZ.**

ZIMBABUE tiene **16 lenguas oficiales,** el país que tiene un mayor número.

El **FRANCÉS** es la lengua oficial de **29** países.

Alrededor del **80 %** de las lenguas que se usan actualmente tienen cada una **MENOS DE 100 000 hablantes.**

El **PAPA FRANCISCO,** el líder de la Iglesia católica, manda **MENSAJES DE TWITTER** en **9 LENGUAS,** entre ellas el latín.

En **2020** se hablaban en el mundo **7117 lenguas distintas.**

Pese a su intento de aprender neerlandés, al ser coronado monarca de Holanda en **1806,** el francés **LUIS BONAPARTE** se refirió a sí mismo como **«CONEJO DE HOLANDA»** al pronunciar **«KONIJN»** (conejo) en lugar de **«KONING»** (rey).

1348000000 personas hablan **INGLÉS** como su **PRIMERA O SEGUNDA** lengua.

Menos del 5 % de los **HABLANTES DE PORTUGUÉS** viven en **PORTUGAL.** La mayoría, más de **200 MILLONES,** se encuentran en **BRASIL.**

La palabra **«alfabeto»** deriva de las **PRIMERAS 2 LETRAS** del alfabeto **GRIEGO: ALFA** y **BETA.**

Cristina Calderón, que murió en **2022,** fue la **ÚLTIMA HABLANTE NATIVA** del **IDIOMA YAGÁN** de Tierra del Fuego (en el extremo meridional de Sudamérica).

---

840 LENGUAS tienen su origen o se hablan en **PAPÚA NUEVA GUINEA,** más que en ningún otro país.

El **12,3 %** de la población mundial habla **CHINO MANDARÍN** como su lengua materna, por lo que es la **LENGUA MATERNA MÁS COMÚN** del mundo.

Ondear la BANDERA

Las banderas ondean en países, regiones, ciudades y organizaciones para identificar, comunicar y conmemorar. Las banderas nacionales suelen ser símbolos que despiertan el orgullo y la pasión de los ciudadanos de su país.

La bandera actual de Estados Unidos con **50 ESTRELLAS** fue diseñada por **ROBERT HEFT,** un estudiante de **17 AÑOS** en **1958.**

Creada hace más de **700 AÑOS,** la **BANDERA NACIONAL DANESA,** o *Dannebrog*, es la más antigua de las que se siguen usando.

Desde que se adoptó en **1777,** la **BANDERA ESTADOUNIDENSE** se ha modificado en **27 ocasiones.**

El mástil sin soporte **MÁS ALTO DEL MUNDO** está en **YEDA.** En él ondea la bandera de Arabia Saudí y se eleva a **171 m** de altura.

LA BANDERA DE BELICE tiene una corona de **50 hojas** que recuerda el año **1950,** cuando el país inició un proceso de **31 AÑOS** hasta lograr su independencia.

La **BANDERA MÁS PEQUEÑA** del mundo es una bandera de Canadá creada en **2016.** Mide **0,001 MM** de largo, es decir **1 centésima DEL GROSOR DE UN CABELLO HUMANO.**

LA BANDERA DE LA ISLA DE MAN muestra **3 PIERNAS HUMANAS** cubiertas por una armadura. Es un símbolo que tiene más de **600 AÑOS.**

De las **195 banderas** de países, **85** tienen una **proporción de 2:3.**

2 países, **HAITÍ** y **LIECHTENSTEIN,** se presentaron sin saberlo a los **JUEGOS OLÍMPICOS DE 1936** con la **MISMA BANDERA NACIONAL.**

En **1901,** el **CONCURSO INTERNACIONAL** para diseñar la nueva bandera de Australia recibió **32 823 PROPUESTAS**

La bandera del **PIRATA BARTHOLOMEW «BLACK BART» ROBERTS** (1682-1722), que capturó más de **400 barcos,** lo muestra de pie sobre **2 CALAVERAS.**

En una **SUBASTA EN 2006, 4 BANDERAS** de la Guerra de la Independencia estadounidense (1775-1783) se adjudicaron por **17 millones de dólares.**

La **BANDERA INDIA** muestra una **rueda de 24 radíos,** llamada el **CHAKRA ASHOKA.** Los radios representan los **PRINCIPIOS DEL BUDISMO.**

LA BANDERA NACIONAL DE PARAGUAY se modificó **4 veces** en solo **1 AÑO** (1811-1812).

Solo **2 ESTADOS INDEPENDIENTES** del mundo tienen una **BANDERA CUADRADA:** Suiza y Ciudad del Vaticano.

Un mundo de
RELIGIONES

La religión es un conjunto de creencias que intentan explicar el propósito y el sentido de la vida. Muchas personas de todo el mundo siguen alguna religión, con sus propias creencias y rituales sagrados.

El libro sagrado del judaísmo, la **TORÁ**, tiene **613 *MITZVÁS***, o mandamientos.

El **70%** de la población sigue una de las tres grandes religiones: **CRISTIANISMO, HINDUISMO O ISLAM.**

El **TAOÍSMO** está basado en las enseñanzas de **2 FILÓSOFOS CHINOS: LAO-TSE Y ZHUANGZI.**

El ***RIGVEDA*** se compone de **10600 versos** en total.

El **SINTOÍSMO** apareció como religión en Japón hace unos **2000** años.

El ***RIGVEDA***, el texto sagrado **HINDÚ** **MÁS ANTIGUO** que se conserva, tiene **3500 AÑOS.**

Los seguidores del **JAINISMO** creen que cada **CICLO CÓSMICO** del universo tiene **24** líderes espirituales o **TIRTHANKARAS.**

Una de las grandes religiones más **RECIENTES**, la **FE BAHAÍ**, fue fundada en Persia (actual Irán) en el año **1844.**

En **1455** se imprimieron **48 ejemplares** del libro sagrado del cristianismo, la Biblia. Fue el **PRIMER LIBRO IMPRESO EN EUROPA** producido con una imprenta.

La Cross Island Chape, en Oneida, Nueva York, es la **IGLESIA CRISTIANA MÁS PEQUEÑA DEL MUNDO** y solo tiene **2 ASIENTOS.**

Los hombres que siguen el **SIJISMO** portan **5** elementos que comienzan con la letra **K: KASHERA** (ropa interior blanca de algodón), **KHANGA** (peine de madera), **KARA** (brazalete metálico), **KESH** (pelo sin cortar) y **KIRPÁN** (pequeña daga).

El **CORÁN,** el libro sagrado del islamismo, se compone de **114** ***AZORAS*** (capítulos). El más largo, de **286 VERSOS** y el más breve, de **3.**

Todos los años, más de **2 MILLONES DE MUSULMANES** viajan a **LA MECA,** en Arabia Saudí, una peregrinación que se conoce como **HACH.**

La construcción de la basílica católica de la **SAGRADA FAMÍLIA,** en Barcelona, está previsto que termine en **2026,** **144 años** después de su inicio en **1882.**

La **MENORÁ** (candelabro sagrado de 7 brazos) es un símbolo del **JUDAÍSMO.** Cada brazo representa un día de la semana.

Aproximadamente el **7 %** de la población mundial sigue el **budismo.**

ANGKOR WAT, en Camboya, la estructura religiosa **MÁS GRANDE** del mundo, se construyó en el **SIGLO XII** como un **TEMPLO HINDÚ.** Apenas **100 AÑOS DESPUÉS,** se convirtió en un **TEMPLO BUDISTA.**

Se dice que el fundador del budismo, **SIDDHĀRTHA GAUTAMA,** meditó bajo un árbol durante **49 días** para llegar a un estado de **ILUMINACIÓN.**

La cúpula de la mezquita musulmana de **SANTA SOFÍA,** en Turquía, tiene un diámetro de **33 m.**

Alrededor del **83 %** de todos los sijs viven en **INDIA.**

TOP 10
LAS ESTATUAS MÁS ALTAS

1 **ESTATUA DE LA UNIDAD** • Guyarat, India
182 M • Completada en **2018**

Esta estatua de Vallabhbhai Patel, primer viceprimer ministro de India, es casi cuatro veces más alta que la Estatua de la Libertad de Estados Unidos. Para construirla se utilizaron unas 24 500 toneladas de acero y 70 000 toneladas de cemento.

2 **BUDA DEL TEMPLO DE PRIMAVERA** • Lushan, China
128 M • Completada en **2008**

Fabricado con 1100 piezas de cobre fundido, se estima que el Buda del Templo de Primavera pesa unas 1000 toneladas.

3 **LAYKYUN SETKYAR** • Monywa, Myanmar
116 M • Completada en **2008**

Esta estatua de Buda, situada en un trono de 13,5 m de altura en la aldea de Khatakan Taung, tardó 12 años en construirse.

4 **USHIKU DAIBUTSU** • Ushiku, Japón
100 M • Completada en **1993**

El jardín de 10 000 m^2 que rodea al Buda Ushiku Daibutsu está diseñado para ser un paraíso budista.

5 **SENDAI DAIKANNON** • Sendai, Japón
100 M • Completada en **1991**

Los visitantes de Sendai Daikannon entran por la boca de un dragón blanco tallado a los pies de la estatua.

6 **GUANYIN DE MIL MANOS Y MIL OJOS**
Changsha, China • **99 M** • Completada en **2009**

Guishan Guanyin es una escultura de bronce dorado que representa a un ser budista conocido como Bodhisattva, con 20 pares de brazos.

7 **GRAN BUDA DE TAILANDIA** • Ang Thong, Tailandia
92 M • Completada en **2008**

Se dice que quienes tocan la mano derecha del Gran Buda son bendecidos con la fortuna.

8 **DAI KANNON** • Ashibetsu, Japón
88 M • Completada en **1989**

Con 20 pisos en su interior, Dai Kannon alberga varios santuarios y un mirador en la parte superior.

9 **ESTATUA DE LA MADRE PATRIA** • Volgogrado, Rusia
85 M • Completada en **1967**

La Estatua de la Madre Patria representa a una mujer elevando una espada en el aire y es la estatua más alta fuera de Asia.

10 **AWAJI KANNON** • isla Awaji, Japón
80 M • Completada en **1982**

El Kannon de Awaji («Gigante de la Paz Mundial») fue construido por un empresario local, pero actualmente se está deteriorando.

El artista italiano **MIGUEL ÁNGEL** pintó más de

300 FIGURAS

en la bóveda de la **CAPILLA SIXTINA** en Roma, aunque solo le encargaron pintar **12.** La tarea le llevó **4 años** (1508-1512).

En **1998**, se descubrió una imagen de **4,2 km** de altura de un **CAZADOR INDÍGENA AUSTRALIANO** –el **HOMBRE DE MARREE**– grabada sobre el terreno en el sur de Australia. Se **DESCONOCE** el artista que la realizó.

Una pintura del artista callejero anónimo **BANKSY** de **4 M** de ancho en que se ve a **POLÍTICOS BRITÁNICOS COMO CHIMPANCÉS** se vendió en **2019** por

9 879 500 LIBRAS.

La artista japonesa **YAYOI KUSAMA** comenzó a pintar sus **«REDES INFINITAS»** –grandes lienzos llenos de lunares– a los

10 años

de edad.

Asombroso ARTE

Desde garabatos hasta obras maestras, hemos dibujado, pintado, esculpido y hecho artesanía durante miles de años. El talento de los artistas puede entretener, inspirar y provocar grandes emociones.

En **2014**, se vendió una pintura de la estadounidense **GEORGIA O'KEEFFE** por **44 405 000** dólares, el **PRECIO MÁS ALTO** pagado nunca por la obra de una mujer artista.

La **MONA LISA,** del artista italiano **LEONARDO DA VINCI,** mide solo **77 X 53 CM** pero tiene su **PROPIA SALA** en el **MUSEO DEL LOUVRE,** en París.

Una **PINTURA AL ÓLEO** puede tardar en secarse **2 semanas.**

El holandés **VINCENT VAN GOGH** produjo unos **2000** bocetos y pinturas a lo largo de su vida, pero no se hizo popular hasta **DESPUÉS DE SU MUERTE,** en **1890.**

GRAVITY AND GRACE, del artista ghanés El Anatsui, es una lámina gigante de **11,2 M** de largo hecha con **10 000 tapones** de **botella.**

En 1940, **4 ADOLESCENTES** descubrieron unas cuevas en **Lascaux, Francia,** cubiertas con **PINTURAS DE 17 000 AÑOS DE ANTIGÜEDAD.** Unos **2000 ANIMALES PREHISTÓRICOS** decoraban las paredes con escenas, bisontes y caballos.

LA CALIGRAFÍA se practica en China como una de las formas artísticas importantes desde hace **4000 AÑOS.** Los **TRAZOS BÁSICOS DEL PINCEL O LA PLUMA** se conocen como los **7 MISTERIOS.**

El artista japonés **Katsushika Hokusai** produjo más de **30 000** obras, entre las que destaca **LA GRAN OLA DE KANAGAWA.**

Suena la MÚSICA

Hace miles de años que se fabrican instrumentos para marcar ritmos y tocar melodías. Hoy en día, toda una industria ha crecido en torno a la música, con millones de grabaciones de infinidad de artistas vendidas cada año.

El **PIANO** tiene **88 TECLAS, 52** blancas y **36** negras.

Un álbum tiene que vender **1000000** de unidades, físicas o digitales, para obtener un **DISCO DE PLATINO** en Estados Unidos.

El arco de un violín tradicional está hecho con **150-200 CRINES DE CABALLO.**

Los **VINILOS** fueron el **26 %** de las ventas en Estados Unidos en **2019.**

Adolphe Sax inventó y patentó **14 tipos de saxofones distintos** en 1846, 4 de los cuales se utilizan en la actualidad.

El álbum *Scorpion*, de **DRAKE,** se reprodujo **132450203** veces en Spotify el **DÍA** de su lanzamiento.

La **NOTA MÁS AGUDA DEL PIANO** –el Do 8– hace vibrar el aire **4186 veces por segundo.**

La **Vegetable Orchestra** de Viena ha creado más de **150 INSTRUMENTOS** con productos frescos, como la **PERCUSIÓN DE CALABAZA** o el **VIOLÍN DE PUERRO.**

Los instrumentos musicales **MÁS ANTIGUOS CONOCIDOS** son **FLAUTAS** halladas en Alemania, que se tallaron hace **43 000 AÑOS.**

El compositor **WOLFGANG AMADEUS MOZART** compuso su primera sinfonía a los **8 AÑOS DE EDAD,** y su primera ópera cuando tenía **12 AÑOS.**

La pandereta más grande tiene **185,5 CM** de diámetro y **36,5 CM** de profundidad.

Los **Timbaleros Reales de Burundí** usan **3 TIPOS DE TAMBORES** en sus actuaciones: *Inkiranya, Amashako* e *Ibishikiso*.

El vídeo **«Gangnam Style»,** del cantante surcoreano PSY, fue el primero de YouTube en superar los **1000 millones de reproducciones.**

El **ARPA DE CONCIERTO** tiene hasta **47 cuerdas.**

El **GREAT STALACPIPE ORGAN** de Luray Caverns, Estados Unidos, produce tonos al golpear **37 ESTALACTITAS** de distintos tamaños con mazos de goma.

En 2019, la **INDUSTRIA DISCOGRÁFICA GLOBAL** tenía un valor de **20 200 MILLONES** de dólares.

En una iglesia alemana comenzó en 2001 la **INTERPRETACIÓN AL ÓRGANO** de *As Slow As Possible*, de John Cage. Se completará en **639 AÑOS.**

A

ESCENA

Hace miles de años que la gente va al teatro. Hay muchos estilos diferentes de representación, desde el teatro occidental, cuyos orígenes se remontan a la antigua Grecia, hasta la ópera china y el Kathakali indio (una forma de danza).

La cifra récord de **6952 bailarines de claqué** realizaron una rutina de **135** segundos, en Stuttgart, Alemania, en **1998.**

En la producción original del musical británico ***EL FANTASMA DE LA ÓPERA*** hubo **130 PERSONAS ENTRE ACTORES Y TÉCNICOS, 22 CAMBIOS DE DECORADO** y **230 trajes.**

LA RATONERA es la **OBRA DE TEATRO MÁS LONGEVA** del West End de Londres. Se han hecho **MÁS DE 28000 REPRESENTACIONES** y vendido más de **10000000** de **entradas** desde su estreno en 1952.

Hay **101 HISTORIAS CLÁSICAS** en el **KATHAKALI,** una forma de narración a través de la danza que se originó en el sur de la India en el **siglo XVII.**

8 PREMIOS TONY obtuvo el **COMPOSITOR** estadounidense **STEPHEN SONDHEIM,** el **MÁS** galardonado de la historia.

En **1987,** Adrian Hilton recitó las obras completas de **WILLIAM SHAKESPEARE** en **110 horas y 46 minutos.**

MARGARET HUGHES interpretó a Desdémona en ***OTELO*** en **1660.** Fue la **PRIMERA ACTRIZ PROFESIONAL** que apareció en una obra de Shakespeare, **44 años** después de su muerte.

Hay **368** estilos en la **ópera china.** Solo unos **280** se interpretan aún en la actualidad.

En el **493 a.C.,** el dramaturgo griego Frínico fue multado con

1000 DRACMAS

(equivalentes a los ingresos de 2 años de un granjero) porque su obra ***LA CAPTURA DE MILETO*** hizo llorar al público.

En **1964,** los bailarines **RUDOLF NUREYEV** y **MARGOT FONTEYN** tuvieron que salir a saludar la cifra récord de **89 VECES** entre los aplausos del público tras interpretar ***EL LAGO DE LOS CISNES*** en Viena, Austria.

ANTHONY MORIGERATO realizó **1163 GOLPES POR MINUTO** (19,4 por segundo) bailando claqué en Nueva York en **2011.**

En 2018, la **CLASE DE BALLET MÁS GRANDE DEL MUNDO** reunió a **1530 estudiantes** en Hong Kong, China.

El rey león es el **MUSICAL DE MÁS RECAUDACIÓN,** con **9100 millones** de dólares a finales de **2019.**

El antiguo teatro griego al aire libre de **EPIDAURO** podía albergar hasta a **14000 ESPECTADORES.**

SOUTH PACIFIC, de Rodgers y Hammerstein, obtuvo **17 PREMIOS TONY DE TEATRO,** más que ningún otro musical.

En el

CINE

En 1895, una treintena de espectadores disfrutó de la primera proyección de una película en el Grand Café de París (Francia). Actualmente, millones de personas acuden al cine todas las semanas para disfrutar de las novedades cinematográficas.

INDIA es el **MAYOR PRODUCTOR DE PELÍCULAS** del mundo con un total de más de **1200 PELÍCULAS ANUALES.**

LA ESTATUILLA DEL OSCAR MIDE 34 cm de altura, pesa **3,9 KG** y está hecha de bronce chapado en **oro de 24 quilates.**

En **1928,** Mickey Mouse hizo su debut oficial en la **PELÍCULA DE 8 MINUTOS,** *Steamboat Willie.*

220 m es la **MAYOR CAÍDA DE PUENTING** de una película. La realizó el especialista Wayne Michaels desde una **PRESA HIDROELÉCTRICA** para la película de James Bond, *GoldenEye* (1995).

La actriz Rebecca Romijn pasó **8-9 HORAS** de maquillaje diarias y llevaba **CASI 100 PRÓTESIS,** o partes de cuerpo artificiales, para el papel de Mística en la película ***X-MEN*** (2000).

Con solo **18 LOCALIDADES** disponibles y una superficie de **24 M²,** el **CABIRIA CINE CAFE** de Brasilia, Brasil, es el **CINE más pequeño DEL MUNDO.**

A un **GRAN ESTUDIO,** crear y distribuir una **PELÍCULA** le cuesta **100 MILLONES DE DÓLARES** de media.

TOY STORY (1995) fue el primer largometraje animado por ordenador. Tenía **114 240 FOTOGRAMAS** y cada uno necesitó para generarse entre **45 minutos y 30 horas.**

En la escena del funeral de la película ***GANDHI*** (1986) participaron más de **300 000 extras.**

Las primeras películas eran **MUDAS.** En **1927** llegaron a los cines las primeras películas **SONORAS,** con **IMAGEN Y SONIDO SINCRONIZADOS.**

La **pantalla permanente de cine de 35 mm MÁS GRANDE** del mundo está en Suzhou, China, y mide **34,6 m x 26,8 m,** aproximadamente **3,5 VECES** la superficie de **UNA PISTA DE TENIS.**

El actor de Hong Kong **Jackie Chan** es quien aparece **MÁS VECES EN LOS CRÉDITOS** de una sola película: **15 VECES** en *Zodiaco Chino* (2012).

En 2005, un **PÓSTER ORIGINAL** de la película alemana ***METRÓPOLIS*** (1927) se vendió por **690 000 dólares.**

La actriz estadounidense Tatum O'Neal solo tenía **10 AÑOS** cuando ganó el **OSCAR EN 1974 COMO MEJOR ACTRIZ SECUNDARIA** por su papel en *Luna de papel* (1973).

Los animadores tuvieron que dibujar **2,3 MILLONES de pelos individuales** para crear a Sulley para ***MONSTRUOS, S.A.*** Cada fotograma llevó un promedio de **12 horas** en completarse.

En 2020, la película *Parásitos*, dirigida por el **GANADOR DE 2 OSCARS** Bong Joon-Ho, fue la **primera en lengua extranjera** que ganó el Oscar a la **MEJOR PELÍCULA.**

Para la trilogía de *El señor de los anillos* (2001–2003) se crearon **19 000 trajes, 48 000 piezas de ARMADURA,** y **MÁS DE 1800 PARES** de pies y de orejas de hobbit.

40 ARDILLAS fueron entrenadas para **ORDENAR NUECES** en una cinta transportadora en ***CHARLIE Y LA FÁBRICA DE CHOCOLATE*** (2005).

TERRY, el **PERRO** que interpretó a Totó en *El mago de Oz* (1939), recibió una paga de **125 DÓLARES/SEMANA,** lo que era un **SUELDO SUPERIOR** al de algunos de los **ACTORES HUMANOS**.

El sonido de **5 animales distintos** (oso, morsa, león, foca y tejón) se mezcló para crear **LA VOZ DE CHEWBACCA** en la serie de películas de ***STAR WARS***.

Deporte INDIVIDUAL

Muchos deportes, como el tenis y la lucha, son individuales y se compite contra un único rival, y en otros como el ciclismo y el atletismo, los atletas compiten entre sí por el primer puesto.

UNA BOLA DE TENIS DE MESA pesa solo **2,7 G.** Es la bola **MÁS LIGERA** de cualquier deporte.

Según las reglas de los dardos, el punto central de la **DIANA** debe tener **12,7 MM** de diámetro y estar a **1,73 M** sobre el suelo.

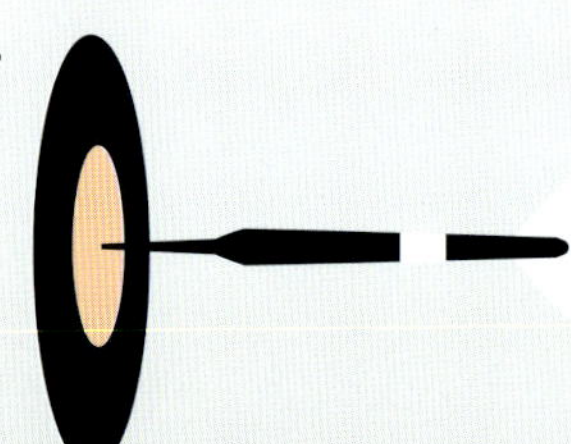

Durante una **CARRERA**, un piloto de Fórmula 1 puede **PERDER** hasta **4 KG.**

En esgrima se emplean **3 armas distintas: ESPADA, FLORETE y SABLE.**

Los **gimnastas** dan saltos, se mueven y giran en una **BARRA DE EQUILIBRIO** que solo tiene **10 CM** de ancho.

En una partida de **SNOOKER** se emplean **22 bolas** de **8 COLORES DIFERENTES,** incluida la blanca.

Entre **1981** y **1986**, el paquistaní **JAHANGIR KHAN** ganó nada menos que **555** partidos de squash **CONSECUTIVOS.**

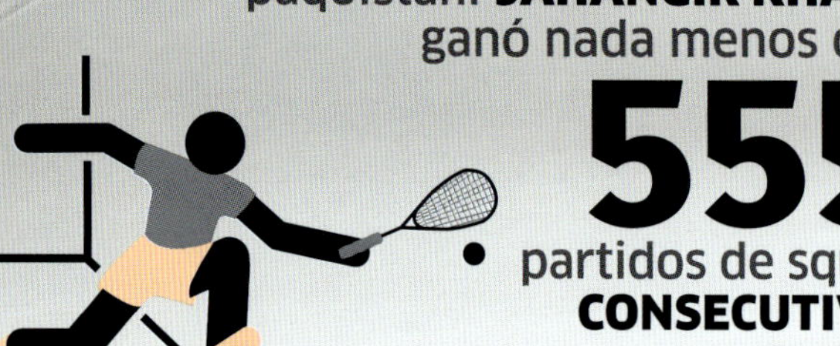

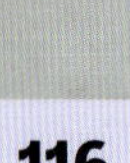

En el croquet, los **AROS** son solo unos **0,15-0,45 cm MÁS ANCHOS QUE LAS BOLAS.**

Entre **1977** y **1987,** el atleta estadounidense Edwin Moses ganó **122 CARRERAS DE 400 M VALLAS** consecutivas, la **RACHA** más larga en la historia del atletismo.

Los árbitros perdieron la cuenta en la final de los **3000 M OBSTÁCULOS** de los **JUEGOS OLÍMPICOS DE 1932,** y los atletas tuvieron que correr una **vuelta de más.**

El gimnasta de Estados Unidos George Eyser ganó **6 medallas** en los Juegos Olímpicos de **1904** con una **PRÓTESIS DE PIERNA DE MADERA.**

El **PARTIDO DE TENIS MÁS LARGO** lo jugaron en Wimbledon, Reino Unido, en 2010, John Isner y Nicolas Mahut. Un total de **183 JUEGOS** en **11 horas y 5 minutos.**

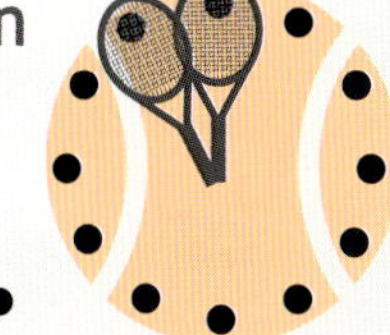

En una **CARRERA DE PATINAJE DE VELOCIDAD DE PISTA CORTA,** un patinador puede alcanzar hasta **45 KM/H.**

Un **VOLANTE** tradicional de bádminton está hecho de **16 PLUMAS DE GANSO** encajadas en una base de corcho y solo pesa unos **5 G.**

La nadadora de Estados Unidos Trischa Zorn es la **ATLETA PARALÍMPICA MÁS LAUREADA,** con **41** medallas de oro, **9** de plata y **5** de bronce.

Más de **54 250 pelotas** se almacenan cada año a **20 °C** antes de usarlas en el torneo de tenis de **WIMBLEDON,** Reino Unido.

El **SAQUE** más rápido del tenis masculino que logró el australiano Sam Groth en **2012** alcanzó una velocidad de **263,4 KM/H.** La jugadora española Georgina García Pérez tiene el récord femenino desde 2018 con **220 KM/H.**

En 2012, **CON 12 AÑOS,** Tom Schaar fue la **PRIMERA PERSONA** que completó un **1080,** o **3** revoluciones completas en un **monopatín.**

En los Juegos Olímpicos de **1912,** un combate de lucha grecorromana duró **11 HORAS Y 40 MINUTOS.** Hoy, se desarrollan en **2 RONDAS DE 3 MINUTOS.**

En la **COMPETICIÓN DE REMO** de los **JUEGOS OLÍMPICOS DE 1928,** el australiano Bobby Pearce se detuvo y dejó pasar una **FILA DE PATOS.** Aun así, ganó la carrera por **29 segundos.**

Jugar en

EQUIPO

Muchos de los deportes más populares se practican en equipos que compiten entre sí. El número de jugadores de un equipo varía de un deporte a otro: desde 4 en el curling hasta 18 en el fútbol americano.

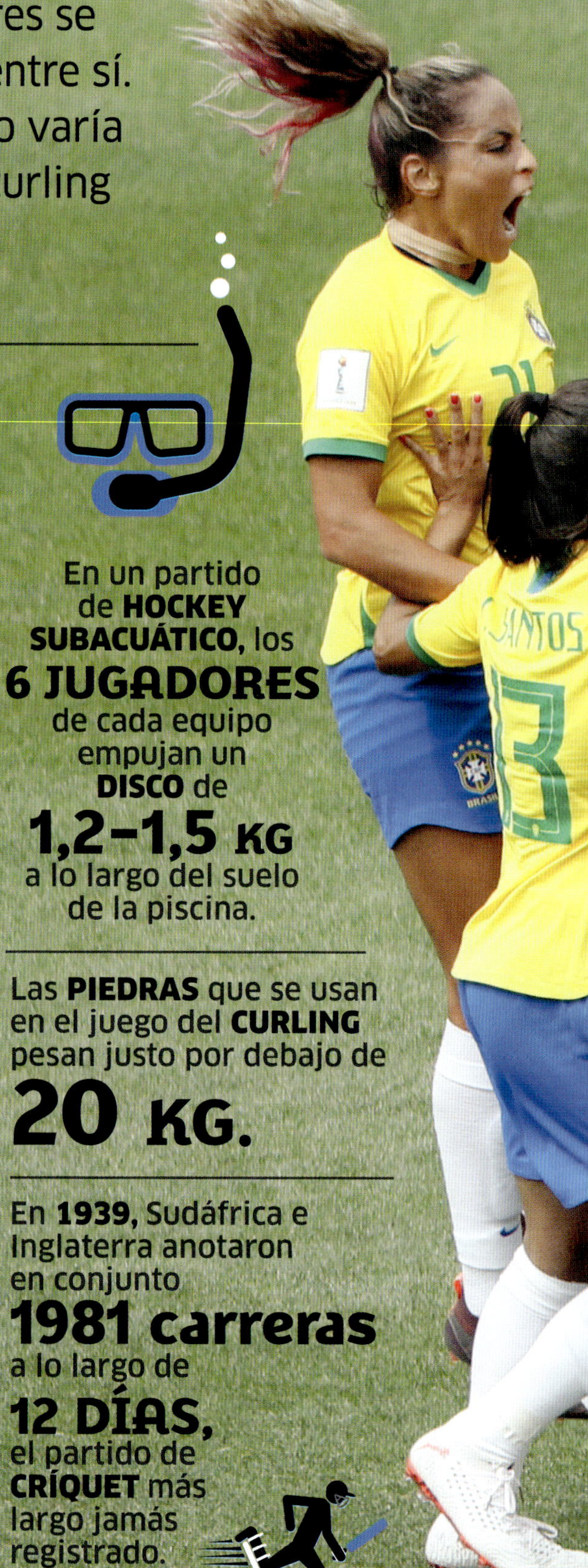

En **1962,** Wilt Chamberlain, de los Philadelphia Warriors, logró el récord de **100 PUNTOS** en **49 MINUTOS** en un **PARTIDO DE LA NBA.**

Cada **EQUIPO DE LA LIGA DE BÉISBOL** juega **162 PARTIDOS** en la temporada regular. Eso es un total de **2430** partidos al año.

El **VOLEIBOL** se inventó en **1895,** e inicialmente se lo denominó «Mintonette».

El jugador ruso de **HOCKEY SOBRE HIELO** Denis Kulyash hizo un **LANZAMIENTO** de **177,5 KM/H** en 2011, el más rápido de la historia.

España hizo **779 PASES,** un promedio de **8,5 POR MINUTO,** en su partido de fútbol ante Rusia del **MUNDIAL DE LA FIFA DE 2018.**

Antes de que se fijara el **ESTÁNDAR** de **EQUIPOS DE 7 JUGADORES** en 1960, en el **NETBALL** había equipos **DE 5 Y DE 9.**

Una bola de béisbol tiene **108 puntadas dobles,** que se **COSEN A MANO** con **223,5 CM** de hilo rojo encerado.

En un partido de **HOCKEY SUBACUÁTICO,** los **6 JUGADORES** de cada equipo empujan un **DISCO** de **1,2–1,5 KG** a lo largo del suelo de la piscina.

Las **PIEDRAS** que se usan en el juego del **CURLING** pesan justo por debajo de **20 KG.**

En **1939,** Sudáfrica e Inglaterra anotaron en conjunto **1981 carreras** a lo largo de **12 DÍAS,** el partido de **CRÍQUET** más largo jamás registrado.

El jugador japonés de rugby **DAISUKE OHATA** tiene el récord mundial de ensayos: **69 EN 58 PARTIDOS.**

2 equipos de las **ISLAS SORLINGAS** componen la liga de fútbol más pequeña, en la que juegan **18 PARTIDOS DE LIGA** y **2 COMPETICIONES DE COPA.**

El **TIRO DE LACROSSE** más rápido lo hizo el estadounidense Patrick Luehrsen en Illinois, Estados Unidos, en 2015 con **192,96 KM/H.**

La brasileña Cristiane Rozeira marcó **3 goles** en un partido contra Jamaica en el **MUNDIAL FEMENINO DE FÚTBOL DE 2019.**

En **WATERPOLO**, cada equipo puede retener el balón hasta **30 SEGUNDOS** antes de lanzarlo hacia la portería.

El **EQUIPO FEMENINO ESLOVACO DE HOCKEY HIELO** marcó un gol **cada 44 segundos,** derrotando a Bulgaria por **82-0** en los Juegos Olímpicos de 2008.

En 2006, **SE PAGÓ** un **TRASPASO** de **15 KG** de **SALCHICHAS** por el defensa de fútbol rumano Marius Cioara.

TOP 10 CAMPEONES OLÍMPICOS

1

MICHAEL PHELPS • Estados Unidos
Natación • **28** (**23** oros, **3** platas, **2** bronces)

Deportista olímpico más condecorado de todos los tiempos, estableció un récord mundial al ganar 8 medallas de oro en los Juegos de 2008 en Pekín (China).

2 **LARISA LATYNINA** • Unión Soviética
Gimnasia • **18** (**9** oros, **5** platas, **4** bronces)

Larisa Latynina tiene el récord de más medallas de oro ganadas por un gimnasta, hombre o mujer.

3 **MARIT BJØRGEN** • Noruega
Esquí de fondo • **15** (**8** oros, **4** platas, **3** bronces)

Cinco veces olímpica, Marit Bjørgen es la deportista más condecorada de la historia de los Juegos de invierno.

4 **NIKOLÁI ANDRIÁNOV** • Unión Soviética
Gimnasia • **15** (**8** oros, **4** platas, **3** bronces)

En los Juegos de Montreal de 1976, Nikolái Andriánov ganó 7 de las 8 medallas posibles, entre ellas 4 oros.

5 **OLE EINAR BJØRNDALEN** • Noruega
Biatlón • **13** (**8** oros, **4** platas, **1** bronce)

El biatleta Ole Einar Bjørndalen entrenaba entre 900 y 1000 horas al año, hasta su retirada en 2018.

6 **BORÍS SHAJLÍN** • Unión Soviética
Gimnasia • **13** (**7** oros, **4** platas, **2** bronces)

Especializado en el caballo con arcos, Borís Shajlín fue el atleta más exitoso de los Juegos Olímpicos de 1960.

7 **EDOARDO MANGIAROTTI** • Italia
Esgrima • **13** (**6** oros, **5** platas, **2** bronces)

Ganó su primera medalla de oro con solo 17 años y es el deportista olímpico italiano más condecorado de la historia.

8 **TAKASHI ONO** • Japón
Gimnasia • **13** (**5** oros, **4** platas, **4** bronces)

Takashi Ono ingresó en el Salón Internacional de la Fama de la Gimnasia en 1998.

9 **PAAVO NURMI** • Finlandia
Atletismo en pista • **12** (**9** oros, **3** platas)

En 1924, Paavo Nurmi se convirtió en el primer atleta que ganó 5 medallas de oro en unos Juegos Olímpicos.

10 **BIRGIT FISCHER** • Alemania del Este/Alemania
Piragüismo • **12** (**8** oros, **4** platas)

La campeona de kayak Birgit Fischer es la única mujer que ha ganado medallas olímpicas con 20 años de diferencia.

10 **BJØRN DÆHLIE** • Noruega
Esquí de fondo • **12** (**8** oros, **4** platas)

Apodado «Rocketman», Bjørn Dæhlie es el esquiador de fondo con más medallas de la historia olímpica.

Un mundo ESCRITO

Las palabras permiten compartir con los demás nuevas ideas, historias e información de todo tipo. Pueden publicarse en muchos formatos, desde la poesía y libros hasta los periódicos y las revistas en línea.

El **PAPEL** fue fabricado por primera vez por un funcionario chino en **105 a.C.**

La escritora británica **MARY SHELLEY** tenía **19 AÑOS** cuando completó *Frankenstein* en **1817,** una de las primeras novelas de **CIENCIA FICCIÓN.**

Bill Gates pagó **30 802 500** dólares por el **CÓDICE LEICESTER,** de **72 PÁGINAS,** de Leonardo da Vinci, el **LIBRO MÁS CARO** del mundo.

El autor indio Vickrant Mahajan firmó **6904 EJEMPLARES** de su libro ***YES THANK YOU UNIVERSE*** en **2016,** y estableció un nuevo récord de **MÁS LIBROS FIRMADOS** en un día.

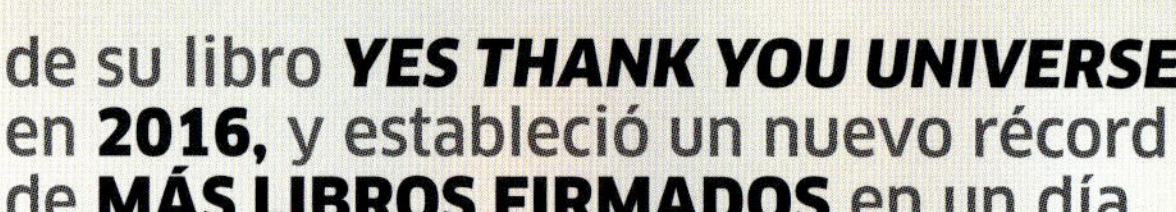

El poema japonés conocido como **haiku,** tiene **17 sílabas** distribuidas en **3 LÍNEAS** de **5, 7,** y **5 SÍLABAS,** respectivamente.

El autor inglés Theodor Geisel, conocido como **Dr. Seuss,** usó solo **50 PALABRAS DISTINTAS** en su libro de 225 palabras *Huevos verdes con jamón* para ganarle una apuesta de **50 DÓLARES** a su editor.

Una librería de Tokío, Morioka Shoten, en el distrito de Ginza, vende **SOLO 1 TÍTULO POR SEMANA.**

En **1901**, la escritora británica **BEATRIX POTTER** imprimió solo

250 EJEMPLARES

de *El cuento de Perico el conejo travieso*, que ha vendido más de

45 000 000 EJEMPLARES.

Un **SONETO** se compone de

14 VERSOS

agrupados en **2 CUARTETOS** y **2 TERCETOS** con rima consonante.

El libro más pequeño del mundo, *Teeny Ted from Turnip Town*, mide

0,07 mm por **0,10 mm**

y está compuesto por

30 PÁGINAS DIMINUTAS

que solo pueden leerse con un **POTENTE MICROSCOPIO ELECTRÓNICO DE BARRIDO.**

El **86 %** de los adultos del mundo saben **LEER Y ESCRIBIR**, en comparación con el **42 %** de **1960.**

La **LIBRERÍA DEL CONGRESO DE ESTADOS UNIDOS** suma cada día unos

10 000 elementos

a su colección.

EL *POEMA DE GILGAMESH* es una obra de origen sumerio grabada en **TABLILLAS DE ARCILLA** hace unos

4000 AÑOS.

En 2012 se imprimieron en Portugal

3000 ejemplares

del **PERIÓDICO MÁS PEQUEÑO.** Cada uno pesaba solo **1 G.**

Una **BIBLIOTECA ITINERANTE** de Etiopía utiliza

21 camellos

para llevar

200 libros

a los niños de **33 PUEBLOS AISLADOS.**

En todo el mundo se han vendido

500 millones

de ejemplares de los **LIBROS** de **HARRY POTTER.** Si los pusiéramos todos **FORMANDO UNA FILA,** darían la **VUELTA AL MUNDO** más de

16 VECES.

La **fila de libros** más larga jamás medida tenía **6139,41 m.**

Deliciosa

COMIDA

Las personas necesitamos comer, pero no comemos exclusivamente para sobrevivir. Desde sabrosas pizzas hasta deliciosos postres, hemos aprendido a preparar platos que hacen que los alimentos sean también una fuente de placer.

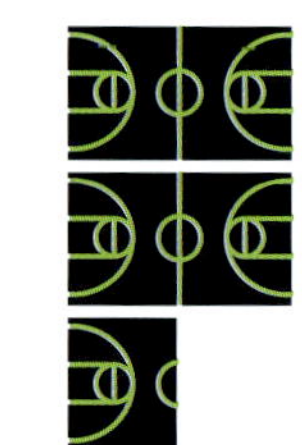

Preparada en **2012,** la **PIZZA MÁS GRANDE** del mundo cubría una superficie de

**1261,65 m², **

unas **2,5 VECES** el tamaño de una cancha de baloncesto.

El **DURIÁN** es una fruta tan **APESTOSA** que quien lleve uno en el metro de Singapur puede ser multado con **500** dólares locales.

Hay que triturar

140 000

cochinillas para obtener

1 KG de **colorante rojo E120,**

que se usa para dar color a algunas mermeladas, dulces y otros alimentos.

En **2019,**

la ciudad de Chécy, en Francia sirvió la **ENSALADA DE FRUTAS** más grande, con un peso de

10 340 KG.

Para cultivar

1 KG de arroz

se necesitan unos

2500 LITROS

de **AGUA.**

LA ZANAHORIA MÁS LARGA que se haya cultivado media **6,25 m** de largo.

El **2019, LA CASA GELATO** de Vancouver, Canadá, batió récords al ofrecer **238 sabores DE SU HELADO,** entre ellos curri, ajo asado y beicon con chocolate.

Unos **3500** cocineros y **21 870** camareros prepararon y sirvieron platos a **22 295** personas en el Banquete de los Alcaldes, en París, Francia, en **1900.**

El récord del **MAYOR NÚMERO DE TOMATES** crecidos de una sola planta es de **1355.** Lo logró el granjero jubilado Surjit Singh Kainth en el Reino Unido en **2013.**

Son necesarios **10 LITROS** de **LECHE DE VACA** para elaborar **1 KG** de queso.

En **2019** se consumieron **106 420 000 000** raciones de **FIDEOS INSTANTÁNEOS** en el mundo.

El **LIBRO DE COCINA** más antiguo tiene unos **3700 AÑOS.** Es una recopilación de **25 RECETAS DE GUISOS** en **3 TABLILLAS DE ARCILLA DE MESOPOTAMIA.**

El restaurante finlandés **KUAPPI** es el **MÁS PEQUEÑO** del mundo, y tiene espacio solamente para **1 MESA DE 2 COMENSALES.**

Las **TRUFAS BLANCAS** son los **HONGOS** comestibles más caros, y pueden costar **2600 €/KG.**

El **14 %** de los alimentos se **DESPERDICIAN** entre que se producen y se ponen a la venta.

En Estados Unidos se consumen casi **46 000 000** de **PAVOS** en las **CENAS DEL DÍA DE ACCIÓN DE GRACIAS.**

Unas **500** algas marinas se maceran por **3-18 meses** en el pellejo de una foca para preparar el **KIVIAK,** un plato de Groenlandia.

Se necesitan **165 000 FLORES** de azafrán para obtener **1 KG** de **ESPECIA.**

2 TORTUGAS fueron las **PRIMERAS** en orbitar **LA LUNA,** a bordo de la sonda espacial **ZOND 5,** en 1968.

EL ESQUELETO DEL GATO tiene **244 huesos,** **38** más que el de un humano adulto.

Brandy, un bóxer, es el perro con la **LENGUA MÁS LARGA,** de **43 CM,** igual que la longitud de **2 PERROS PEQUEÑOS.**

Solo quedan **3900 TIGRES** en estado **SALVAJE,** pero unos **5000** se tienen como mascotas en Estados Unidos.

En **2019,** los **ITALIANOS** tenían **12 880 000 aves** como **mascota,** más que en ningún otro país europeo.

Nuestras MASCOTAS

Durante miles de años, hemos tenido mascotas de todo tipo como entretenimiento y compañía. Puede que los perros fueran las primeras mascotas, pero desde entonces han llegado a nuestros hogares centenares de otras criaturas diferentes.

Los **GATOS** detectan **SONIDOS** más de **3 VECES MÁS AGUDOS** que los que oímos los humanos.

La gata **NALA** tiene **4,3 MILLONES** de seguidores en Instagram.

GUNTHER IV, un perro **PASTOR ALEMÁN,** tiene una fortuna de unos **375 MILLONES** de dólares, porque su padre heredó el patrimonio de la condesa alemana Karlotta Liebenstein en **1992.**

Se dice que el **PEZ DORADO** tiene solo **3 SEGUNDOS DE MEMORIA,** pero se ha demostrado que puede recordar información durante **5 meses.**

En **1989,** Zorba, un mastín inglés, batió su propio récord como el **PERRO MÁS PESADO,** con **155,6 KG,** más que **2 PERSONAS ADULTAS.**

Hay **24 ESPECIES** de **HÁMSTER,** pero **SOLO 5** se suelen usar como mascotas.

El **RÉCORD DE SALTO** de un conejo se estableció en 1997 en **99,5 cm** de altura.

En 2011, la perra kelpie Abbie Girl surfeó una **OLA** durante **107,2 M** cerca de San Diego, California.

El periquito Puck sabía decir **1728 PALABRAS DISTINTAS,** más que cualquier otra ave.

Los **PERIQUITOS** tienen unas **3000** plumas.

En 2012 se gastó en Europa **21000 MILLONES** de euros en **COMIDA PARA MASCOTAS.**

Los **DIENTES DE UN CONEJO** crecen sin parar. Pueden crecer **12 CM** en un año.

En Rusia hay unos **22,8 millones** de gatos domésticos.

Unos **2,2 MILLONES DE REPTILES** se usan como mascotas en **FRANCIA,** más que en ningún otro país.

HISTORIA

Antiguo EGIPTO

Fundada a orillas del río Nilo, la del antiguo Egipto fue la mayor civilización del mundo durante casi 3000 años. La gobernó una sucesión de faraones (reyes o reinas), que se consideraba que eran el vínculo entre el pueblo y los dioses.

Los **ANTIGUOS EGIPCIOS** veneraban más de **2000 dioses y deidades distintos.**

La **SEMANA** egipcia duraba **10 DÍAS.**

El **PROCESO egipcio DE momificación** para la preservación del **CUERPO DE LOS MUERTOS** tardaba unos **70 DÍAS.**

LA AGRICULTURA seguía el curso de **3 estaciones,** que marcaban los cultivos: **AKHET** (inundación), **PERET** (siembra) y **SHEMU** (cosecha).

11 FARAONES tomaron el nombre de **RAMSÉS,** que significa **«NACIDO DEL DIOS DEL SOL, RA».**

Los gatos eran sagrados para el **DIOS BASTET.** En una **TUMBA** se hallaron más de **80000 MOMIAS DE GATOS.**

TUTANKAMÓN solo tenía **8** o **9** años cuando se convirtió en **FARAÓN.** Murió cuando tenía **19.**

Los egipcios creían que **ESTÓMAGO, HÍGADO, INTESTINOS Y PULMONES** eran necesarios en la **OTRA VIDA.** En el proceso de la momificación, los **EXTRAÍAN** y **GUARDABAN** en **4 VASOS CANOPOS.**

La **Gran Esfinge** es una estatua de una criatura mitológica con **CABEZA HUMANA** y **CUERPO DE LEÓN.** Mide **73 m** de longitud y **20 m** de altura.

Tutankamón fue enterrado en **3 ATAÚDES, UNO DENTRO DE OTRO.** El más interno estaba hecho de oro y pesaba **110 KG.**

Los **jeroglíficos,** el sistema de escritura egipcio, se compone de unos **700 PICTOGRAMAS** distintos.

Un antiguo **LIBRO EGIPCIO DE MEDICINA** recoge unos **700 conjuros y remedios.**

Esta estatua de madera dorada que representa a un guardián estaba entre los 5000 objetos de la tumba del joven faraón Tutankamón.
UNA DE LAS ESTRUCTURAS DE PIEDRA MÁS GRANDES del mundo, la GRAN PIRÁMIDE, ocupa una superficie equivalente a unas 200 pistas de tenis.
Entre los OBJETOS DE LA TUMBA DE TUTANKAMÓN había una carroza, 130 bastones, un baúl de bumeranes y 2 trompetas.

El **Circo Máximo,** un estadio para carreras de carros de Roma, tenía **568 M** de longitud y un aforo de **250 000 espectadores.**

Los **ROMANOS** construyeron más de **400 000 KM** de **CARRETERAS,** de las que **80 000 KM** estaban **PAVIMENTADAS.**

Las **GALERAS ROMANAS MÁS GRANDES** tenían **55 M** de longitud, podían transportar **120 soldados,** y eran propulsadas por **300 remeros.**

El **IMPERIO OCCIDENTAL** cayó en manos de las **TRIBUS GERMÁNICAS** en el **476 d. C.,** pero el **IMPERIO ORIENTAL** siguió otros **977 AÑOS.**

UNA LEGIÓN de soldados romanos se componía de **6000** hombres.

En la mitología romana, **CERBERO** era un **PERRO DE 3 CABEZAS** que guardaba la entrada al **INFRAMUNDO.**

Los soldados a pie se conocían como legionarios. **8 LEGIONARIOS** formaban un contubernium. **10 CONTUBERNIA** eran una centuria. **6 CENTURIAS** formaban una cohorte. **10 COHORTES** eran una legión.

Antigua ROMA

Con la fuerza de su poderoso ejército, los antiguos romanos construyeron un gran imperio, desde Gran Bretaña al norte hasta Egipto al sur. En su máxima extensión, en el siglo II d. C., se extendía 4000 km de este a oeste.

Cuenta la leyenda que Roma la **FUNDARON** en el **753 a. C.** los hermanos gemelos **RÓMULO Y REMO,** que fueron criados por una **LOBA.**

Se cree que **ROMA** fue la primera ciudad con **1000000** de habitantes.

Entre el **193** y el **476 D. C.,** **32** de los **59** **EMPERADORES ROMANOS** fueron asesinados.

Julio César añadió **DÍAS EXTRA** al año **46 a.C.,** que duró **445 DÍAS,** para que el nuevo calendario coincidiera con el **AÑO SOLAR.**

En su cenit, el **IMPERIO ROMANO LLEGÓ A REUNIR** una población de **65 millones** de personas.

Un legionario romano podía **MARCHAR** hasta **30 KM** al día cargando una larga espada, una lanza y equipo que pesaba unos **40 KG.**

Las TERMAS PÚBLICAS DE CARACALLA en Roma tenían **50 HORNOS** que quemaban más de **8 TONELADAS** de madera todos los días.

El **COLISEO** de Roma se inauguró en el **80 D. C.** con **100 días** de juegos.

Los **3** principales **DIOSES ROMANOS** eran **JÚPITER,** que gobernaba los cielos, **JUNO,** diosa de las mujeres, y **MINERVA,** diosa de la sabiduría.

El Imperio

CHINO

China estaba formada por muchos reinos en guerra hasta que fue unificada por el primer emperador Qin Shi Huang en el año 221 a. C. El imperio duró casi 2000 años hasta que en 1912 la revolución obligó a abdicar al último emperador.

Construida entre **210** y **209 a. C.,** la **TUMBA** del emperador Qin Shi Huang estuvo enterrada durante **2180 AÑOS** antes de que se hallara en **1974** al excavar un pozo.

La Pagoda de Hierro de Kaifeng, de **13 PLANTAS,** ha superado **TORMENTAS, 16 INUNDACIONES** y **38 TERREMOTOS** desde **1049.**

El almirante Zheng hizo **7 GRANDES VIAJES.** En el primero, en **1405,** iban **62** enormes **BARCOS** y **27 800 HOMBRES,** y llegó a Vietnam, India y Sri Lanka.

Algunas partes de la **Gran Muralla** alcanzan **8 M** de alto y **7,5 M** de ancho.

WU ZETIAN, la única **MUJER EMPERATRIZ** de la historia de China, gobernó **15 años** entre **690** y **705.**

EN 1908, PUYI se convirtió en el **ÚLTIMO EMPERADOR** de China a los **2 AÑOS DE EDAD.**

Se estima que el **EMPERADOR QIANLONG** (1711-1799) escribió más de **42 000 POEMAS** a lo largo de su vida.

La **GRAN MURALLA CHINA** se construyó entre los siglos **III** y **XVII.** La longitud total de la construcción actual es de **21196 KM.**

Con **1794 km** de extensión, el Gran Canal de Jing-Hang es la **VÍA NAVEGABLE MÁS LARGA DEL MUNDO JAMÁS CONSTRUIDA POR EL HOMBRE.**

La **PÓLVORA,** llamada entonces polvo negro, se **INVENTÓ** en China en el **SIGLO IX** con la combinación de **3 INGREDIENTES:** carbón vegetal, azufre y salitre (nitrato de potasio).

El complejo de palacios de la **CIUDAD PROHIBIDA** de Pekín tiene una superficie de **720000 m², ** unas **9,5 veces** más grande que el **PALACIO DE BUCKINGHAM** de Londres.

Entre 742 y 1100, la **POBLACIÓN** china se **DUPLICÓ** hasta más de **100 MILLONES DE PERSONAS,** con lo que se convirtió en el país más poblado.

Encargada en **1403** para documentar el conocimiento tradicional chino, la **ENCICLOPEDIA YONGLE** se completó en 1408. Se compone de **22877 CAPÍTULOS** en **11095 TOMOS.**

El papel se inventó en China 1000 AÑOS antes de que se fabricara en Europa.

Construida por más de **1000000 DE TRABAJADORES,** la **CIUDAD PROHIBIDA** contiene **980 EDIFICIOS** rodeados por un **FOSO** de **52 M** de anchura.

El emperador **KANGXI,** de la dinastía Qing, gobernó durante **61 AÑOS** (1661-1722), **MÁS** que ningún otro.

El **EJÉRCITO DE TERRACOTA** hallado en la tumba del emperador Qin Shi Huang está formado por **8000 SOLDADOS, CABALLOS Y CARROZAS DE TAMAÑO NATURAL.**

Los aztecas utilizaban las

HABAS DE CACAO

como **MONEDA.** Un conejo costaba

10 habas,

Y UNA MULA, 50.

Fundada en el año **1325,** la ciudad de **TENOCHTITLÁN,** capital del Imperio azteca, cubría una superficie de

13 km².

Los conquistadores españoles, en **1521,** **SITIARON** Tenochtitlán durante **117 DÍAS, Y DESTRUYERON** buena parte de ella antes de que los aztecas se rindieran.

El **TEMPLO** del centro de Tenochtitlán, utilizado en **SACRIFICIOS A LOS DIOSES,** tenía una altura de **60 M,** igual que **UN EDIFICIO DE 20 PLANTAS.**

Los aztecas **contaban en grupos de 20.** Usaban puntos y rayas para los números del **1** al **19,** y una **FORMA DE BANDERA** para el **20.** Una **PLUMA** era el

400.

Los **AZTECAS** creían en un total de más de

200 DIOSES Y DIOSAS.

En **1500,** Tenochtitlán tenía una **POBLACIÓN** de unas **200 000** personas, más de **15 VECES** la de Madrid en la misma época.

Esta **MÁSCARA CEREMONIAL** de **XIUHTECUHTLI, dios azteca del fuego,** está hecha con **MILES** de trozos de **TURQUESA** y **7 DIENTES DE NÁCAR.**

AZTECAS E INCAS

En los siglos XIV y XV, el Imperio azteca floreció en Centroamérica, mientras que el Imperio inca se extendía 4000 km a lo largo de la cordillera de los Andes. Estas dos grandes culturas fueron destruidas con la llegada de los conquistadores españoles a partir de 1521.

En su momento cumbre, en **1520**, **EL IMPERIO INCA** cubría aproximadamente **2 000 000 DE KM^2,** unas **4 VECES LA SUPERFICIE DE ESPAÑA.**

Construido a mediados del siglo XV, el **Machu Picchu** es una enorme ciudadela inca formada por unos **200 EDIFICIOS** y más de **3000 ESCALONES DE PIEDRA.**

En su cenit, la población del **IMPERIO INCA** era de casi **12 millones.**

Para comunicar su **ENORME TERRITORIO,** los **INCAS** construyeron más de **39 000 KM de carreteras.**

El **80 %** de los **INDÍGENAS MURIERON** por **ENFERMEDADES** llegadas de **EUROPA,** como la viruela, para la que no tenían **NINGUNA INMUNIDAD.**

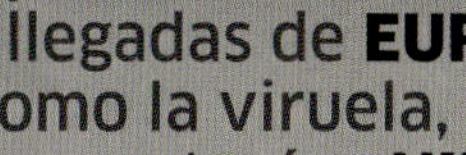

Fortalezas y

CASTILLOS

En todo el mundo se han construido fortalezas y ciudadelas de piedra, ladrillo o madera en las zonas altas para proteger los asentamientos y su territorio circundante de los ataques. También eran la residencia de personas importantes, como reyes, reinas y nobles.

Desde 1707, hay **OSOS** en el foso que rodea el **CASTILLO DE ČESKÝ KRUMLOV,** de casi **800 AÑOS DE ANTIGÜEDAD,** en la República Checa.

EL CASTILLO DE MOSZNA, en Polonia, tiene **365 HABITACIONES** y **99 TORREONES.**

EL CASTILLO DE ALNWICK, en el norte de Inglaterra, ha aparecido en **41 PELÍCULAS Y PROGRAMAS DE TV.** Por ejemplo, fue el **CASTILLO DE HOGWARTS** en las primeras **2 PELÍCULAS DE HARRY POTTER.**

EL CASTILLO DE HARLECH, en Gales, fue **SITIADO** durante **7 AÑOS** (1461-1468) hasta que los **50 HOMBRES** que lo defendían se rindieron ante los **10 000** del rey Eduardo IV.

EL TEMPLO FORTIFICADO japonés de Ishiyama Hongan-ji se defendió de un **SITIO** durante **10 AÑOS** (1570-1580).

Completado en **1679,** el **CASTILLO DE LA BUENA ESPERANZA,** en Sudáfrica, tiene una **CAMPANA** para dar la **ALARMA** que se oye a **10 km de distancia.**

En **1920,** en unas obras en el **CASTILLO DE BRAN,** en Rumanía, se descubrió un **PASADIZO SECRETO** de **532 AÑOS** tras una chimenea.

El **castillo de Windsor** ha sido el hogar de la **FAMILIA REAL BRITÁNICA** durante más de **950 AÑOS.** Tiene más de **1000 HABITACIONES** y **300 CHIMENEAS.**

EL FUERTE DE CHITTORGARH, en **INDIA**, tiene **84 POZOS Y CISTERNAS**, con una capacidad de **4 000 000 000 DE LITROS DE AGUA**, lo que permitía a sus ocupantes resistir **LARGOS ASEDIOS.**

En el **FUERTE JEFFERSON**, en los Cayos de Florida, se usaron **MÁS DE 16 000 000 DE LADRILLOS.** Se trabajó en él **30 AÑOS**, pero no llegó a **COMPLETARSE** ni se **ARMÓ.**

EL CASTILLO MÁS GRANDE DEL MUNDO es el **CASTILLO DE MALBORK**, en **POLONIA.** Es del siglo XIII y ocupa **21 HECTÁREAS.** En su momento llegó a albergar a unos **3000 CABALLEROS.**

El castillo de Predjama, en Eslovenia, se construyó en la boca de una **CUEVA** de **14 KM** de largo en un **PRECIPICIO** de **123 M** de alto.

Con una longitud de **36 KM** y un grosor de **5 M**, el **FUERTE KUMBHALGARH** es el que tiene unos **MUROS MÁS LARGOS.**

Hubo **23 INTENTOS DE ASEDIO** al **CASTILLO DE EDIMBURGO**, en Escocia, Reino Unido. El más **BREVE**, en **1639**, logró tomar el castillo en **30 minutos.**

En **COREA** hay más de **2400** ***SANSEONG***, antiguas fortalezas de montaña.

En el **SIGLO XV**, pese a carecer de rueda, grúas o herramientas de hierro, los **INCAS DE PERÚ** tallaron y movieron bloques de piedra de **100 TONELADAS** para construir la fortaleza de **Sacsayhuaman.**

El **castillo de Himeji,** en **JAPÓN**, tiene más de **80 EDIFICIOS** y un torreón de **46 M.**

En **1869** comenzaron las obras del **CASTILLO DE NEUSCHWANSTEIN**, en Alemania, el primero con **CALEFACCIÓN CENTRAL, TELÉFONOS Y GENERADOR DE ELECTRICIDAD.**

En el **siglo VIII,** los primeros estados islámicos formaron uno de los **MAYORES IMPERIOS,** que se extendía **8000 km.**

Desde el año **610**, el **CORÁN,** el libro sagrado del islam, le fue **revelado al profeta Mahoma** por el arcángel Gabriel durante un **PERÍODO DE 22 AÑOS.** Se compone de **114 CAPÍTULOS.**

Al-Zahrawi escribió la **ENCICLOPEDIA MÉDICA *AL-TASRĪF*** (*El método*) hacia el **AÑO 1000.** Tenía **30 volúmenes** e incluía los dibujos y las descripciones de **200 INSTRUMENTOS QUIRÚRGICOS.**

El **IMPERIO OTOMANO** se inició en Turquía en 1299 y duró **623 años.**

En **1453**, el sultán **MEHMED II conquistó la ciudad de Constantinopla** tras un **ASEDIO** de **55 DÍAS.** Pasó a llamarse Estambul y se convirtió en la capital del **Imperio otomano.**

La **BIBLIOTECA** de los **CALIFAS OMEYAS** de Córdoba, España, tenía más de **400 000 libros.**

La **MEZQUITA DEL SULTÁN AHMED** tiene **9 cúpulas** y está rodeada por **6 minaretes.**

En 1590, el sha Abbas I trasladó la **CAPITAL DEL IMPERIO SAFÁVIDA** a Isfahán, actualmente en Irán. La ciudad tenía **162 MEZQUITAS, 48 ESCUELAS** y más de **250 BAÑOS PÚBLICOS.**

LA MEZQUITA DEL SULTÁN AHMED, en Estambul, se conoce también como la **MEZQUITA AZUL** por las más de **20 000 TESELAS AZUL TURQUESA** que decoran su interior.

El mundo del ISLAM

Desde el siglo VII, el islam se extendió por Oriente Próximo y por partes de Europa, África y Asia. Los ejércitos islámicos conquistaron nuevas tierras y crearon imperios en los que florecieron la ciencia, el arte y la arquitectura.

La **GRAN BOMBARDA TURCA** era un gran cañón fundido en 1464. Pesaba **16,8 TONELADAS** y lanzaba **BALAS DE PIEDRA** de hasta **63 CM** de **DIÁMETRO.**

ISMAÍL I tenía solo **14 AÑOS** cuando fue proclamado shah (rey) de Persia (el actual Irán) en 1501, iniciándose la **NUEVA DINASTÍA EN EL PODER: los safávidas.**

El **SULTÁN MURAD II** dejó el trono en **1444,** en favor de su hijo **MEHMED II, QUE TENÍA 12 AÑOS** al pasar a ser el nuevo gobernante.

La **LUNA CRECIENTE Y LA ESTRELLA** eran el símbolo turco en el siglo XV y se han convertido en símbolo del islam. La **ESTRELLA DE CINCO PUNTAS** refleja las 5 obligaciones, o **cinco pilares,** del islam.

El sultán otomano de reinado más largo fue **SOLIMÁN EL MAGNÍFICO,** que reinó durante **45 AÑOS Y 11 MESES.** Su muerte en **1566** se ocultó a sus soldados **48 DÍAS.**

Tras llegar al poder en 1595, **MEHMED III** hizo **EJECUTAR** a sus **19 HERMANOS,** para evitar que pudieran derrocarlo.

Unos 900 jardineros cuidaban de los **12 JARDINES** que rodeaban el **palacio de Topkapi,** la **RESIDENCIA PRINCIPAL** de los gobernantes otomanos en la actual Estambul.

36 SULTANES gobernaron el Imperio otomano, desde **OSMÁN I** hasta **MEHMED VI.**

Reinos medievales de

ÁFRICA

África ha sido el hogar de muchos reinos e imperios poderosos a lo largo de la historia. Gracias a la construcción y ampliación de las rutas comerciales, muchos reinos del África medieval expandieron su riqueza e influencia por amplias zonas del continente y más allá.

Una estatua de **2,7 M** de altura en Baghaï, Argelia, conmemora a **DIHYA**, una **reina guerrera** del pueblo indígena amazigh que **LUCHÓ Y DERROTÓ** a un ejército árabe invasor en el **SIGLO VII.**

En la Edad Media, caravanas de camellos transportaban **BLOQUES DE SAL** de **90 KG** a través del Sáhara.

Se usaron aproximadamente **1 millón de piedras** para construir el **GRAN RECINTO** de la ciudad del Gran Zimbabue.

Se dice que **MANSA MUSA,** gobernante del **IMPERIO DE MALÍ** entre 1312 y 1337, fue el **HOMBRE MÁS RICO DE LA HISTORIA.** Su **FORTUNA,** derivada del comercio de **ORO Y SAL,** sería de **400000 millones de dólares.**

En su **PEREGRINACIÓN A LA MECA** en 1324, la caravana de Mansa Musa incluía **60 000 HOMBRES** y unos **80 CAMELLOS,** cada uno cargado con **136 KG** de **ORO.**

Tras el reinado de **SONNI ALI (1464-1492),** el **REINO SONGHAI** creció hasta abarcar más de **1 400 000 KM².**

En el **siglo XV, EN LA UNIVERSIDAD DE SANKORÉ,** en Tombuctú, el actual Malí, había unos **25 000 ESTUDIANTES.**

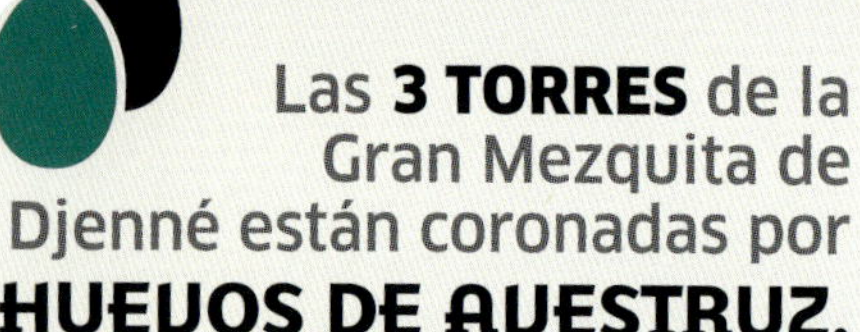

Las **3 TORRES** de la Gran Mezquita de Djenné están coronadas por **HUEVOS DE AVESTRUZ,** símbolo de **fertilidad.**

Los **MUROS** de la Gran Mezquita de Djenné, en Malí, de **40-60 cm** de grosor, están hechos con bloques de **barro de río.**

Con **400 000-700 000** libros, la biblioteca de la Universidad de Sankoré tenía la **MAYOR COLECCIÓN DE ESCRITOS** de África de los **siglos XIV y XV.**

En **1938** se encontraron **cabezas de bronce** en Nigeria. Fueron realizadas por el **pueblo yoruba de Ife** entre los **SIGLOS XII Y XV**, y representaban a **reyes** y otros personajes importantes.

Se dice que **OBA OZOLUA** (1483-1514), el segundo de los **5 GRANDES REYES GUERREROS** del Imperio de Benín, **GANÓ 200 BATALLAS.**

Según la leyenda, **Askía el Grande** (1443-1538) repartió unas **100 000 PIEZAS DE ORO** a los pobres durante su **PEREGRINACIÓN A LA MECA.**

Completado **HACIA 1460, EL REINO DE BENÍN** estaba defendido por **16 000 km** de barreras de tierra.

TOP 10
LOS REINADOS MÁS LARGOS

1 **LUIS XIV** • Francia
72 AÑOS • 1643-1715

Nacido en 1638, Luis XIV solo tenía cuatro años cuando sucedió a su padre, Luis XIII, como rey de Francia. Conocido también como el Rey Sol, gobernó una monarquía absoluta, en la que ostentaba la autoridad suprema con un poder ilimitado.

2 **BHUMIBOL ADULYADEJ** • Tailandia
70 AÑOS • 1946-2016

Bhumibol, un rey moderno y popular, tuvo hasta 30 primeros ministros antes de morir a los 88 años.

3 **PRÍNCIPE JUAN II** • Liechtenstein
70 AÑOS • 1858-1929

Juan era un gobernante tranquilo que amaba el arte. Llegó a ser conocido como «Juan el Bueno» por su apoyo a las buenas causas.

4 **REINA ISABEL II** • Reino Unido y Commonwealth
70 AÑOS • 1952-actualidad

Isabel, la monarca más longeva de la actualidad, reina no solo en el Reino Unido, sino en otros 15 reinos de la Commonwealth.

5 **K'INICH JANAAB' PAKAL** • Reino maya de Palenque
68 AÑOS • 615-683

Al asumir el trono a la edad de 12 años, Pakal gobernó la ciudad de Palenque, en el actual México, y expandió su influencia.

6 **FRANCISCO JOSÉ I** • Austria (desde 1848) y rey de Hungría (desde 1867) • **67 AÑOS** • 1848-1916

Durante su reinado, participó en los principales acontecimientos políticos de Europa, incluido el inicio de la Primera Guerra Mundial.

7 **CONSTANTINO VIII** • Imperio bizantino (coemperador)
66 AÑOS • 962-1028

Constantino, que gobernó mayoritariamente junto a otros parientes, fue emperador único durante solo tres años al final de su vida.

8 **RAMSÉS II** • Antiguo Egipto
66 AÑOS • 1279-1213 a. C.

Conocido como Ramsés el Grande, encargó más monumentos que ningún otro faraón egipcio, incluido el gran templo de Abu Simbel.

9 **BASILIO II** • Imperio bizantino (coemperador)
65 AÑOS • 960-1025

Eficaz líder militar y administrativo, Basilio gobernó durante la edad de oro del Imperio bizantino.

10 **FERNANDO I DE LAS DOS SICILIAS** • Reino de Sicilia
65 AÑOS • 1759-1825 d. C.

Fernando gobernó dos reinos: Nápoles y Sicilia. Durante su reinado, se enfrentó a guerras, revoluciones y levantamientos.

Esta lista solo incluye a los gobernantes de estados independientes. El faraón Pepi II del antiguo Egipto está excluido porque las fechas atribuidas a su reinado son objeto de debate.

Nuevas MODAS

Desde corsés hasta zuecos y desde cinturones hasta calzones, a lo largo de los años la ropa ha estado llena de prendas de todo tipo. La moda permite a la gente expresar su personalidad, transmitir su nivel social e incluso luchar por su país.

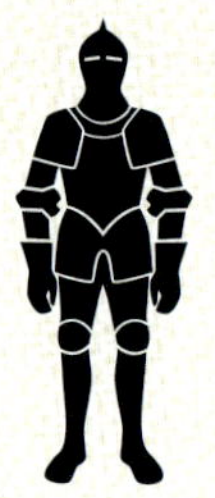

Una **ARMADURA** medieval de metal pesaba **25–30 KG,** tanto como **2 LINGOTES DE ORO.**

Populares en los siglos XIV y XV, el **EXTREMO PUNTIAGUDO** de las **CRACOVIANAS** podía extenderse hasta **24 cm** más allá de los dedos del pie.

La reina francesa **MARÍA ANTONIETA** (1755-1783) encargaba **300 VESTIDOS CADA AÑO.**

En Europa, el **SOMBRERO HENNIN** del siglo XV tenía forma cónica y hasta **1 m** de altura.

En la Roma imperial, las **TOGAS** estaban formadas por paños semicirculares de unos **5,5 M** de largo y casi **3 M** de ancho.

En **1873, JACOB W. DAVIS** y **LEVI STRAUSS** patentaron el clásico **VAQUERO AZUL,** como ropa de trabajo para los **MINEROS.** El **PRIMER PAR** se vendió por **6 DÓLARES** en **POLVO DE ORO.**

Hace 5000 años, las élites egipcias **SE RAPABAN LA CABEZA Y LLEVABAN PELUCA** para protegerse del sol y de los piojos.

En la **VENECIA** del **SIGLO XVI,** algunas mujeres calzaban **CHAPINES,** unos zapatos de plataforma de **50 cm** de altura que las protegían del **BARRO** y eran también un **SIGNO DE ESTATUS.**

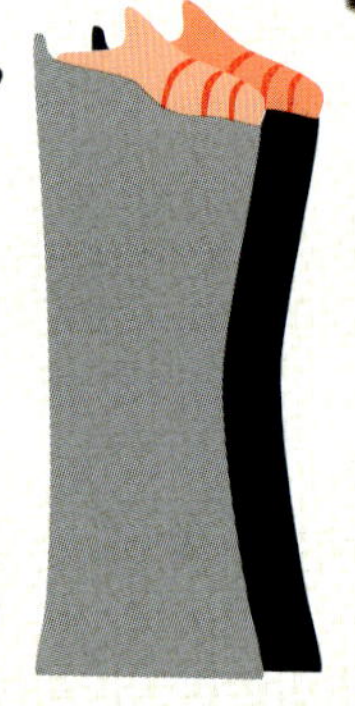

Los **MIRIÑAQUES,** grandes faldones sostenidos por un **ARMAZÓN DE AROS,** de moda en Europa a principios de la **DÉCADA DE 1860,** tenían hasta **5,5m** de diámetro.

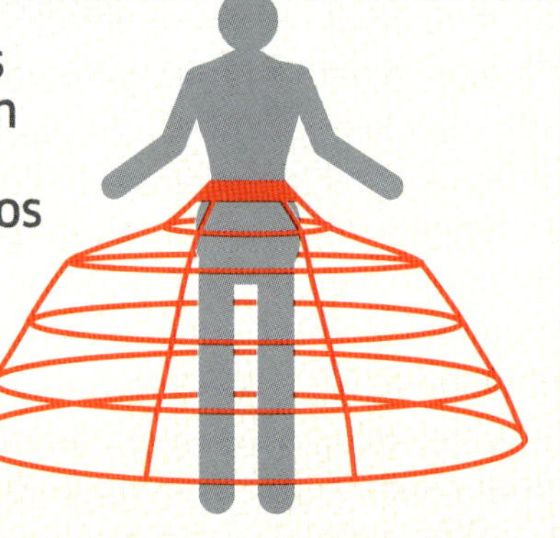

IRENE SPARKS, de Nueva Zelanda, tenía **21321 CORBATAS,** la **MAYOR COLECCIÓN** conocida.

Las **gorgueras** eran **COLLARES** que se usaban en la Europa del siglo XVI. Las mayores tenían **30 CM DE ANCHO** y hasta **600 PLIEGUES.**

En **1946,** el diseñador francés Louis Réard ideó el **BIQUINI,** con solo **0,02 m²** de tela.

En 2018 se vendieron en el mundo **4500 MILLONES DE VAQUEROS.**

En la **PRIMERA GUERRA MUNDIAL,** a falta de algodón, el **UNIFORME** del ejército alemán se confeccionaba con un **15 % DE ALGODÓN** y un **85 %** de fibras de **ORTIGA.**

El ***JŪNIHITOE,*** traje de las mujeres de la nobleza de Japón, que data del **SIGLO VIII,** tenía **12 KIMONOS** o capas de tela diferentes.

Entre **1747** y **1782,** una ley británica castigaba con **6 meses DE CÁRCEL** el uso del **KILT** –la falda escocesa– u otras prendas tradicionales de Escocia.

Los **TACONES ALTOS** fueron usados por primera vez por los **JINETES PERSAS** en el **SIGLO X.** De unos **2,5 cm,** les ayudaban a **MANTENER LAS BOTAS EN LOS ESTRIBOS.**

A la BATALLA

A lo largo de la historia, se han tomado las armas para resolver disputas o conquistar nuevas tierras. Algunas batallas cambiaron incluso el curso de la historia.

LAS FLECHAS de los **GUERREROS MONGOLES** del siglo XIII alcanzaban objetivos que estaban a **320 m** de distancia.

JUANA DE ARCO tenía **17 AÑOS** cuando en 1429 lideró el **EJÉRCITO FRANCÉS** para liberar la ciudad de Orleans, que estaba siendo **ASEDIADA** por los ingleses.

Más de **400 barcos** fueron **DESTRUIDOS** con un **LANZALLAMAS** manual en el año **919** en la batalla de Langshan Jiang entre **REINOS CHINOS RIVALES.**

LOS CARROS FALCADOS, con **CUCHILLAS METÁLICAS** de **1 m** de longitud en las ruedas, se usaron por primera vez en India y Persia hace **2500 AÑOS.**

Cuenta la leyenda que un **MENSAJERO CORRIÓ 40 km** para anunciar la victoria ateniense sobre los persas en la **batalla de Maratón en el 490 a. C.**

Los invasores normandos, con **2000-3000 SOLDADOS DE CABALLERÍA,** derrotaron a las fuerzas inglesas en **1066** y **conquistaron el país.**

Durante el **ASEDIO EN 1422 AL CASTILLO DE KARLŠTEJN** (en la actual República Checa), los atacantes catapultaron **2000 carretadas de estiércol** sobre los muros del castillo.

En **1916**, los **primeros tanques,** los británicos Mark I, entraron en **COMBATE** en la batalla de Flers-Courcelette, en la **PRIMERA GUERRA MUNDIAL.**

12 000 elefantes de guerra sirvieron en los ejércitos del **EMPERADOR MOGOL** Jahangir (1569-1627). Llevaban una **ARMADURA DE HIERRO** de **159 KG** y transportaban a los soldados a la batalla.

El primer **BOMBARDEO AÉREO** se produjo en **1911,** cuando un piloto italiano lanzó en Libia **4 GRANDES GRANADAS.**

En su apogeo, en 1813, el emperador francés **NAPOLEÓN BONAPARTE** tenía un ejército de **1 MILLÓN DE SOLDADOS.**

Durante la Primera Guerra Mundial se cavaron **56 000 KM** de **TRINCHERAS** en el **FRENTE OCCIDENTAL** europeo: **1,4 VUELTAS** a la Tierra.

6 submarinos alemanes bastaron para hundir **274 BARCOS** durante la **SEGUNDA GUERRA MUNDIAL.**

En la Primera Guerra Mundial, en solo **1 SEMANA** de la **BATALLA DEL SOMME,** los Aliados dispararon alrededor de **1 500 000 PROYECTILES DE ARTILLERÍA.**

300 MILLONES DE SOLDADOS combatieron en la **SEGUNDA GUERRA MUNDIAL** (1939–1945).

CIENCIA Y TECNOLOGÍA

Los

ELEMENTOS

Un elemento es una sustancia que está formada por un solo tipo de átomo. Desde los gases de la atmósfera hasta los metales de los teléfonos móviles, todo en el universo se compone de elementos.

En **1869,** el ruso **DMITRI MENDELÉYEV** publicó la **TABLA PERIÓDICA DE LOS ELEMENTOS,** que agrupaba los elementos en función de sus propiedades comunes.

2500 millones de toneladas de **HIERRO** se extraen cada año del **MINERAL.**

En la **TABLA PERIÓDICA** hay **118** elementos. Unos **90** se encuentran en la **NATURALEZA** y el resto se han creado en el laboratorio.

El **CUERPO DE UN ADULTO** contiene **1 KG** de **CALCIO.** Este metal está principalmente en los **HUESOS Y LOS DIENTES.**

Con un punto de fusión de solo **29 °C,** el metal **GALIO SE FUNDE** simplemente al tenerlo en la mano.

El **cobre** fue el **PRIMER METAL** que se extrajo del mineral, hace unos **10000 años.**

3414 °C
ES EL PUNTO DE FUSIÓN DEL TUNGSTENO. Es el **MÁS ELEVADO** de entre todos los metales.

El **OXÍGENO** constituye el **21 %** de la **ATMÓSFERA TERRESTRE.**

En **1937**, el **tecnecio** fue el primer elemento **PRODUCIDO ARTIFICIALMENTE** en un laboratorio.

El **90 %** de los **minerales** de la corteza terrestre tienen **SILICIO**, el elemento que se usa en los **CIRCUITOS ELECTRÓNICOS.**

10 millones de **COMPUESTOS** (combinación de 2 o más elementos) se forman con el **CARBONO**, más que con ningún otro elemento.

Alrededor del **99 %** del **CUERPO HUMANO** se compone de **6 ELEMENTOS:**
OXÍGENO, 65 %
CARBONO, 18,5 %
HIDRÓGENO, 10 %
NITRÓGENO, 3 %
CALCIO, 1,5 %
FÓSFORO, 1 %.
El 1 % restante se compone de trazas de muchos otros elementos.

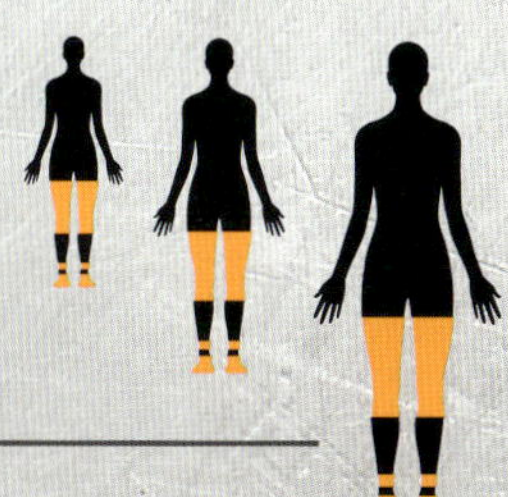

Solo **2 ELEMENTOS** tienen **FORMA LÍQUIDA** a temperatura ambiente: el **MERCURIO** y el **BROMO.**

HENNIG BRAND fue la primera persona en descubrir el **FÓSFORO** en 1669 cuando hirvió y filtró **50 CUBOS DE ORINA.**

La **WELCOME STRANGER** es la **PEPITA DE ORO ALUVIAL** más grande encontrada. Se descubrió en Australia en 1869, y tenía un peso de **66 KG.**

El gas **NITRÓGENO** se convierte en un **LÍQUIDO CLARO E INCOLORO** al enfriarse por debajo de **−195 °C.** Se usa como **REFRIGERANTE** para congelar alimentos, como los **HELADOS.**

RECICLAR 1 LATA DE ALUMINIO ahorra la energía que gasta un televisor en **3 HORAS.**

El **neón** es uno de los **ELEMENTOS MÁS RAROS DE LA TIERRA.** Constituye solo el **0,001 %** de la atmósfera.

Sonido y LUZ

Tanto la luz como el sonido son formas de energía que viajan en forma de ondas. Pueden refractarse (doblarse), reflejarse y ser captadas por los sentidos. La luz se mueve más rápido que el sonido y puede atravesar el vacío, como el espacio, mientras que el sonido necesita viajar a través de un medio.

La luz del **SOL** tarda **8 minutos y 19 segundos** en llegar a la **TIERRA.**

Un **AÑO LUZ** es la distancia que la luz recorre durante un año viajando en el vacío. Nada menos que unos **9,5 BILLONES DE KM.**

La **LUZ DEL SOL,** al pasar a través de las **GOTAS DE LLUVIA** suspendidas en el aire, puede formar un **ARCOÍRIS.** El arcoíris más duradero se vio en Taiwán, China, **8 HORAS Y 58 MINUTOS.**

EN EL VACÍO, la luz viaja a una velocidad de **300 000 KM/S.**

La intensidad (volumen) del sonido se mide en **DECIBELIOS** (dB). Con **188 dB,** el canto de la **BALLENA AZUL** se oye más fuerte que un **AVIÓN DE REACCIÓN.**

El **TONO** (lo alto o bajo que es un sonido) se mide en hercios (Hz). El rango normal de **AUDICIÓN HUMANA** va de **20 a 20 000 HZ.**

En 1947, **CHUCK YEAGER** fue la **PRIMERA PERSONA** que viajó a más velocidad que el sonido —a **1235 KM/H**— a bordo del avión cohete Bell *X-1.*

La **VELOCIDAD DE LA LUZ** se reduce hasta los **200 000 KM/S** cuando pasa a través del **AGUA.**

Los **GATOS** captan **SONIDOS MUY AGUDOS,** de hasta **64 000 Hz.**

Las **AURORAS** —coloridos despliegues de luz en la atmósfera— se producen a una altitud de hasta **1000 KM.**

Se tardarían unos **7 AÑOS** en recorrer a pie la distancia de **1 SEGUNDO LUZ** caminando a una velocidad de **4,8 KM/H.**

El sonido grabado **MÁS ANTIGUO** es un fragmento de **20 SEGUNDOS** de la canción ***AU CLAIR DE LA LUNE*** grabado con un fonoautógrafo en **1860.**

Justo después del ***BIG BANG***, el universo **QUEDÓ A OSCURAS.** No hubo luz durante al menos **100 MILLONES DE AÑOS.** Este período se conoce como la **EDAD OSCURA.**

Alrededor del **10-35 %** de las personas tienen **ESTORNUDO FÓTICO,** es decir, que verse expuestos a luz brillante les hace **ESTORNUDAR.**

Un **90 %** de los seres vivos del océano por debajo de los **500 m** presentan **BIOLUMINISCENCIA** (capacidad de los organismos para producir luz).

El sonido viaja a una velocidad mayor a través de las sustancias más densas. En el **AGUA** viaja a **1500 M/S,** es decir **4,4 veces** más rápido que por el aire.

Para que el cerebro humano detecte el **ECO,** el **TIEMPO MÍNIMO** entre un sonido y su reflejo debe ser de **1/10 DE SEGUNDO.**

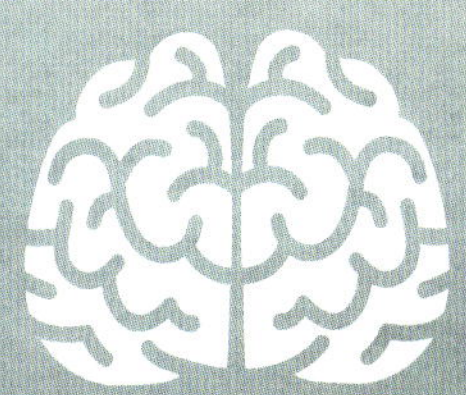

Más del **75 %** **de la energía** con la que **ALIMENTAMOS NUESTRAS CASAS** viene de combustibles no renovables como el **CARBÓN,** el **PETRÓLEO** y el **GAS NATURAL.**

En 2015, **ISLANDIA** se alimentó completamente por medio de fuentes de energía renovables: **73 % hidroeléctrica** y **27 % geotérmica.**

Una vela emite unos **80 VATIOS DE ENERGÍA** por segundo.

Solo el **10 % DE LA electricidad** que pasa por el filamento de una bombilla de incandescencia se **CONVIERTE EN LUZ.** El resto de la energía se pierde en forma de calor.

Al llegar a lo más bajo de una **MONTAÑA RUSA,** tu cuerpo pesa el **TRIPLE** por la fuerza gravitacional.

1 LITRO de gasolina contiene más de **31 MILLONES DE JULIOS** de energía.

Se necesitarían **10000 billones** de centrales eléctricas de carbón para generar tanta energía como la que produce el **SOL.**

La **ENERGÍA CALORÍFICA** se mide en **CALORÍAS** (cal). Se necesita **1 CAL** para elevar la temperatura de **1 G** de **AGUA** en **1 °C.**

Los motores del **COHETE SATURNO V** —los que se utilizan para el lanzamiento de las misiones a la Luna— pueden generar **34,5 millones NEWTONS DE EMPUJE** en el despegue, unas **288 VECES** más que el producido por un **AVIÓN COMERCIAL.**

Las **FUERZAS** se miden en **newtons** (N). Tu mano agarra con una fuerza de **300 N.**

ENERGÍA Y FUERZAS

Gracias a la energía, las cosas funcionan, desde una llama que arde hasta un cohete que sale disparado al espacio. Hay muchos tipos de energía: química, eléctrica, cinética y térmica. Las fuerzas transfieren la energía de un tipo a otro. Una fuerza es un empujón o un tirón que provoca que las cosas se muevan o se detengan.

Una persona adulta necesita comer unas **1,6-2,8 KILOCALORÍAS** de **ENERGÍA** al día.

La energía que proporcionan los alimentos se mide en kilocalorías (kcal). **1 KILOCALORÍA** equivale a **4184 JULIOS.**

La fuerza de **FRICCIÓN,** creada cuando un objeto se desliza sobre otro, genera **CALOR.** La fricción creada por los discos de freno de un **COCHE DE F1** puede generar temperaturas de hasta **1000 °C.**

La energía se mide en julios (J). **1 JULIO** es más o menos la energía que se necesita para levantar **1 m** una manzana.

Hacen falta **334 JULIOS** de energía para derretir **1 G** de hielo.

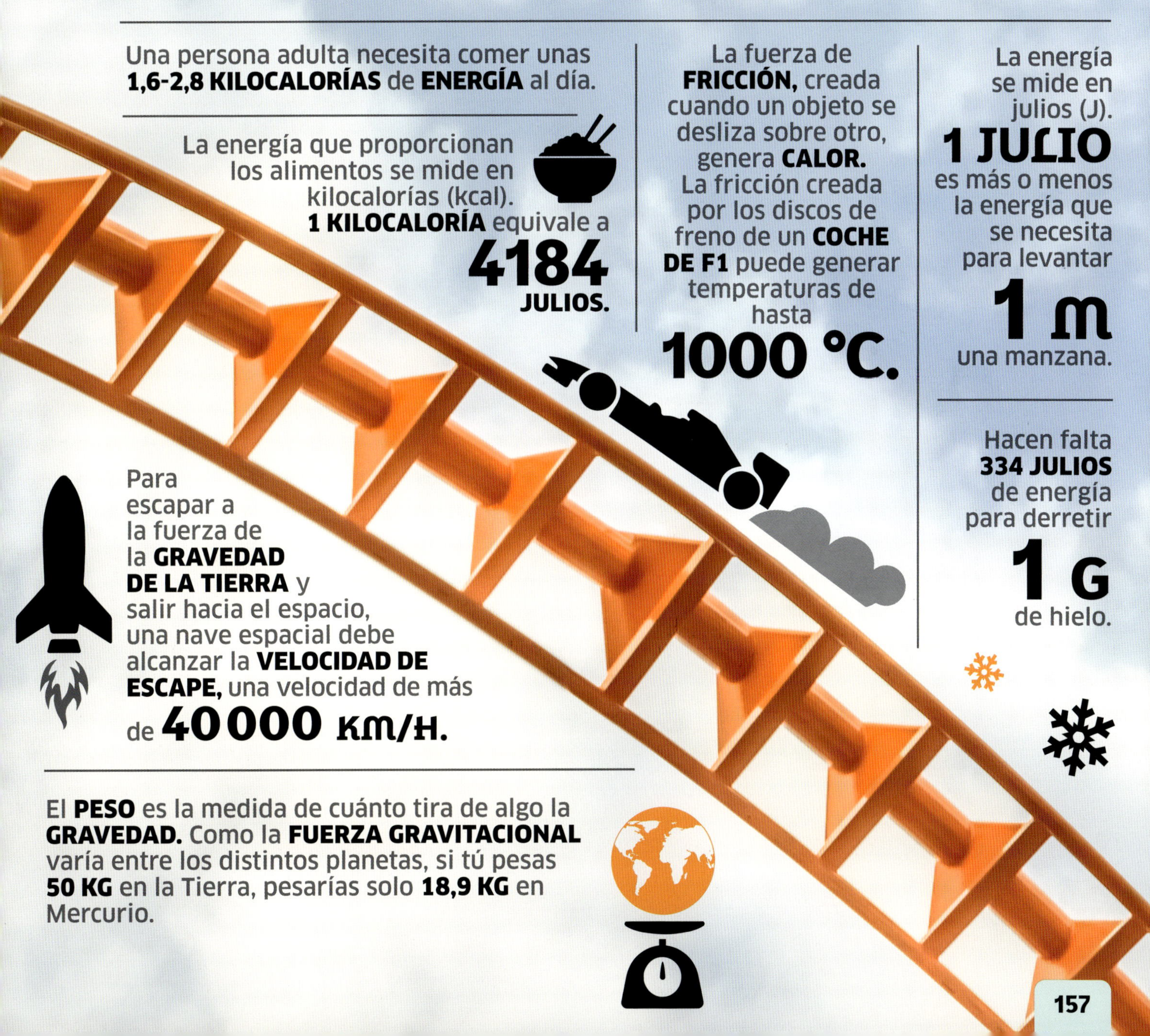

Para escapar a la fuerza de la **GRAVEDAD DE LA TIERRA** y salir hacia el espacio, una nave espacial debe alcanzar la **VELOCIDAD DE ESCAPE,** una velocidad de más de **40 000 KM/H.**

El **PESO** es la medida de cuánto tira de algo la **GRAVEDAD.** Como la **FUERZA GRAVITACIONAL** varía entre los distintos planetas, si tú pesas **50 KG** en la Tierra, pesarías solo **18,9 KG** en Mercurio.

Las **CHISPAS** de algunas **BENGALAS DE MANO** pueden alcanzar los

1600 °C,

una temperatura que está por encima de la del **PUNTO DE FUSIÓN DEL HIERRO.**

En **1905, FRANK EPPERSON,** un chico estadounidense de **11 AÑOS,** dejó olvidado su **REFRESCO** con una varilla de mezcla toda la noche en el exterior e **INVENTÓ ASÍ ACCIDENTALMENTE EL polo** helado.

471 °C

es la temperatura media de **VENUS,** el **PLANETA MÁS CÁLIDO** del sistema solar.

En **YAKUTSK, RUSIA,** las escuelas de educación primaria cierran si la **TEMPERATURA** alcanza

−45 °C.

Los **MAYORES** siguen yendo a la escuela si no se alcanzan los

−50 °C.

La **TEMPERATURA DEL CUERPO HUMANO** es de unos

37 °C.

Eso es unos **5 °C MÁS** que el **punto de fusión del chocolate.**

La temperatura **SUPERFICIAL DEL SOL** es de unos

5500 °C,

unas **2700 VECES MÁS FRÍA** que la de su **NÚCLEO.**

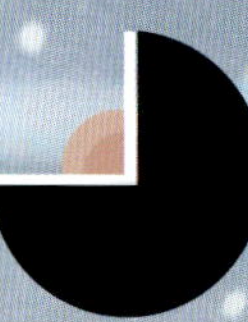

−89,2 °C,

registrados en la Estación de Vostok, **ANTÁRTIDA,** en 1983, es la **temperatura más fría** jamás medida a nivel del suelo.

Los **macacos japoneses** se bañan en **AGUAS TERMALES** a **41 °C** en el **NEVADO** Parque Nacional Joshinestsu, Japón.

La energía del
FRÍO Y EL CALOR

Cuando las partículas (átomos o moléculas) de un objeto se mueven, emiten energía calorífica. Cuanto más rápido se mueven, más calientes están. La temperatura de un objeto es una medida de la velocidad a la que se mueven sus partículas.

180 °C
es la **TEMPERATURA** a la que el maíz **ESTALLA** en forma de palomitas.

La **TEMPERATURA MÁS ALTA** jamás generada en la Tierra fue de **5,5 BILLONES DE °C,** en 2012, en el **GRAN COLISIONADOR DE HADRONES,** un acelerador de partículas en Suiza. Eso es **360 000 VECES MÁS CALIENTE** que el **NÚCLEO DEL SOL.**

LA **TEMPERATURA** suele medirse utilizando **3 escalas:** Celsius **(°C),** Fahrenheit **(°F)** y Kelvin **(K).**

0 K (Kelvin) o **−273,15°C** se conoce como **CERO ABSOLUTO.** Nada puede estar a una temperatura inferior que esta.

El agua hierve a **100 °C** y se congela a **0 °C.** Es la **ÚNICA SUSTANCIA DE LA TIERRA** que existe en los **3 ESTADOS DE LA MATERIA** (sólido, líquido y gas) en el **PLANETA.**

La **RANA DE BOSQUE DE ALASKA** congela el **60 %** de su cuerpo para sobrevivir al **DURO INVIERNO,** con temperaturas que caen de **−9 °C** a **−18 °C.**

El mayor **HELADO** de la historia, elaborado en 1988 en Alberta, Canadá, pesaba **24,91 TONELADAS.**

LA **TORRE EIFFEL** crece hasta **15 cm** de altura en los días más calurosos, pues el **HIERRO** de su estructura se **EXPANDE** al aumentar la temperatura.

1 rayo contiene suficiente electricidad para hervir agua para **50 000** infusiones.

En **1882,** el inventor estadounidense **EDWARD H. JOHNSON** conectó **80** bombillas rojas, azules y blancas y creó las **PRIMERAS LUCES ELÉCTRICAS PARA EL ÁRBOL DE NAVIDAD.**

En 2019, **12 PAÍSES** generaban menos del **25 %** de su electricidad a partir de la **ENERGÍA NUCLEAR.**

El filamento de una bombilla de incandescencia de **100 VATIOS** está a unos **2540 °C.**

Un **SOLO GIRO** de las palas de **80 M** de una turbina eólica **VESTAS V164** genera toda la electricidad que necesita un hogar europeo medio durante **29 HORAS.**

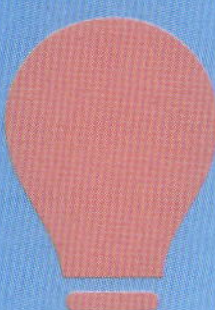

Una bombilla de **50 VATIOS** encendida durante **20 HORAS** consume **1 KILOVATIO HORA** (kWh) de electricidad.

La **ANGUILA ELÉCTRICA** genera **800 voltíos** de electricidad para **ELECTROCUTAR** a otros peces.

Energía ELÉCTRICA

El mundo moderno funciona con electricidad, que puede convertirse en calor, luz o sonido. Se genera a partir de distintas fuentes de energía como el gas, el carbón, el Sol, el viento o el agua.

Para que una **TURBINA EÓLICA** genere electricidad, el viento debe soplar por lo menos a **12 KM/H.**

En 1881, el **TEATRO SAVOY** de Londres fue el **PRIMER EDIFICIO PÚBLICO** con iluminación eléctrica, con unas **1200** bombillas de **INCANDESCENCIA** del inventor Joseph Swan.

ESTADOS UNIDOS utilizó **13 VECES** más electricidad en **2019** que la que utilizaba en **1950.**

Una lámpara fluorescente usa un **60-80 % MENOS DE ELECTRICIDAD** que una de incandescencia.

Las **440 CENTRALES NUCLEARES** del mundo producen un **10 %** de toda la electricidad global.

En 2020, la **ENERGÍA EÓLICA** y **SOLAR** generó el **9,1 %** de la electricidad global.

En 2020, el **35,1 %** de la electricidad global se obtuvo de la **QUEMA DE CARBÓN** en centrales eléctricas.

770 millones de personas **NO TENÍAN ACCESO** a la electricidad en 2019.

Una de las **TORRES ELÉCTRICAS MÁS ALTAS** del mundo, en la provincia china de Zhejiang, tiene **370 m** de altura.

Una **TURBINA EÓLICA DE 2,5 MEGAVATIOS** genera la electricidad que consumen **1400** hogares.

Todo tipo de

MATERIALES

Dependemos de un gran número de materiales. Desde los enormes edificios de hormigón, acero y vidrio que dominan el horizonte de las ciudades hasta las prendas de algodón y seda, utilizamos materiales continuamente.

Una **CAÑITA DE PLÁSTICO** tarda en promedio unos

200 AÑOS

en biodegradarse (desintegrarse en la naturaleza), y una **BOTELLA**,

450 AÑOS.

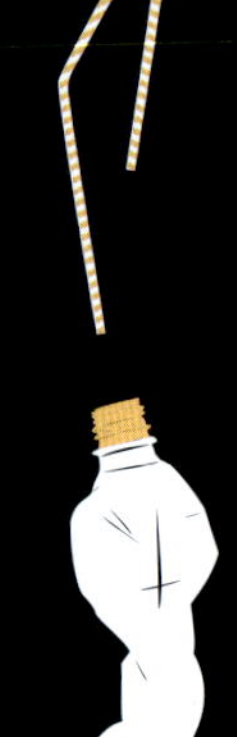

El material más resistente al calor que se haya creado es el **CARBURO DE HAFNIO.** Tiene un **PUNTO DE FUSIÓN** que supera los **3890 °C.**

Para fabricar el **VIDRIO** se **FUNDE ARENA,** junto con otros ingredientes, a una temperatura de unos

850 °C.

El **CELULOIDE** es un plástico, creado por el estadounidense **JOHN WESLEY HYATT.** Le permitió ganar un premio de

10 000 DÓLARES

ofrecido para quien diera con un material capaz de **SUSTITUIR AL MARFIL NATURAL** en la producción de **BOLAS DE BILLAR.**

En la **UNIÓN EUROPEA,** aproximadamente el

76 %

de los envases de vidrio, como las botellas, se **RECICLAN.**

Algunos tipos de **CAUCHO SINTÉTICO** se estiran hasta **100 veces** su longitud original.

El **caucho natural** procede el árbol *Hevea Brasiliensis*. Cada árbol puede producir hasta **8,5 KG DE CAUCHO AL AÑO.**

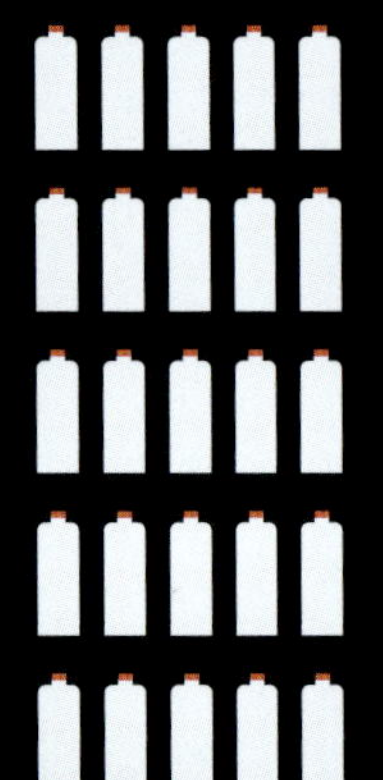

Reciclar

25

BOTELLAS DE PLÁSTICO pequeñas produce la fibra que se necesita para confeccionar un **FORRO POLAR.**

Los objetos de cerámica se fabrican **COCIENDO LA ARCILLA** a una temperatura de **1000 °C.**

CHINA produce el **53 %** del **ACERO MUNDIAL,** unas **9 veces** más que el segundo mayor productor, India.

El químico belga **LEO BAEKELAND** produjo el primer plástico sintético, la **baquelita,** en **1907.**

En **1965,** la química estadounidense Stephanie Kwolek inventó el **KEVLAR,** una fibra de polímero **5 VECES MÁS FUERTE** que el acero y más ligera que la fibra de vidrio.

1 CAPULLO DE GUSANO DE SEDA puede producir unos **900 m** de hilo de seda.

Compuesto únicamente de átomos de carbono, el **GRAFENO** es muy ligero y **200 VECES MÁS FUERTE QUE EL ACERO.**

1 OVEJA produce al año **LANA** suficiente para tejer **8 JERSÉIS GRANDES.**

En 2019, se produjeron cerca de **1 869 900 000 TONELADAS DE ACERO,** uno de los materiales de construcción de uso más frecuente.

Ingeniosos

INVENTOS

La curiosidad humana nos ha llevado a crear miles de nuevos objetos, materiales y procesos para hacer la vida más fácil y segura. Los grandes inventos, desde la rueda hasta la bombilla, han dado forma a nuestro mundo.

El inventor británico James Dyson hizo **5127 PROTOTIPOS** antes de perfeccionar su primer **ASPIRADOR CICLÓNICO** en **1983.**

En **1849,** el estadounidense **WALTER HUNT** creó el **IMPERDIBLE.** Vendió su patente por solo **400 DÓLARES**

La **BOMBILLA DE INCANDESCENCIA** de 1879 del estadounidense Thomas Edison duró **13½ horas.**

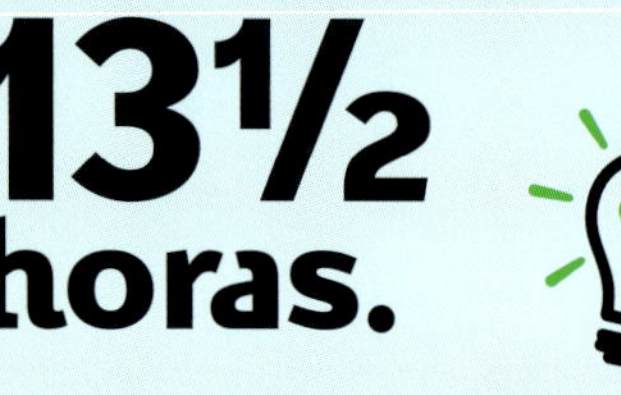

Las **PRIMERAS RUEDAS,** inventadas alrededor del **3500 a.C.,** se emplearon en **ALFARERÍA.** En el **TRANSPORTE** se usaron **300 AÑOS DESPUÉS.**

A principios del siglo XIX, el químico británico **HUMPHRY DAVY** inventó la **LÁMPARA DE ARCO VOLTAICO,** la **PRIMERA LUZ ELÉCTRICA,** que creaba un **ARCO DE ELECTRICIDAD** entre **2 barras de carbón.**

En 2019, la **OFICINA EUROPEA DE PATENTES** recibió unas **181000 solicitudes de patente** para nuevos inventos.

La **LATA** se inventó en 1810, pero el **PRIMER ABRELATAS** no se inventó hasta **48 años** después.

Unas **130 000** personas vieron en **1783** el **PRIMER** vuelo de un **globo aerostático.** A bordo iban un gallo, una oveja y un pato.

Thomas Edison tenía **1093** patentes de inventos.

Desde su invención en **1938** se han vendido más de **100000 millones de bolígrafos.**

67 centavos costaba el primer producto del que **SE ESCANEÓ UN CÓDIGO DE BARRAS:** un paquete de chicles, en **1974.**

Las **NEVERAS** se hicieron populares en los hogares en **1927.**

En **1885,** la estadounidense **SARAH GOODE** fue la **PRIMERA MUJER DE COLOR** en lograr una patente, por una **CAMA PLEGABLE** que se transformaba en un **ESCRITORIO.**

El relojero alemán **STEPHAN FARFFLER,** que se había roto la espalda de pequeño, construyó en **1655** la **PRIMERA SILLA DE RUEDAS AUTÓNOMA** a la edad de **22 años.**

El primer **DESPERTADOR MECÁNICO** lo inventó el estadounidense Levi Hutchins en **1787.** No se podía ajustar y sonaba siempre a las **4 DE LA MAÑANA.**

El estadounidense **GEORGE NISSEN** inventó el primer prototipo de **CAMA ELÁSTICA** en 1930, a los **16 AÑOS.**

Grandes

ESTRUCTURAS

A lo largo de la historia, los seres humanos han creado construcciones increíbles, desde pirámides de precisión matemática y castillos de cuentos de hadas hasta altísimos rascacielos.

El **BURJ KHALIFA,** en Dubái, es el edificio más alto del mundo:

828,9 m

y

160

PLANTAS.

La **ESTATUA DE BUDA** de Leshan, China, tiene **71 M** de **ALTURA** y está **EXCAVADA EN UNA PARED DE ROCA.**

1500000

DÓLARES EN MONEDAS se tiran **CADA AÑO** a la **FONTANA DE TREVI** de Roma, Italia.

En 1990, la **TORRE DE PISA,** en Italia, estaba inclinada

5,5

GRADOS.

Las obras para estabilizarla redujeron su inclinación hasta los **4 GRADOS.**

2194

PIEZAS DE HORMIGÓN forman la cubierta de la **ÓPERA DE SÍDNEY.**

Podemos ver unas **1000 ESTATUAS GIGANTES,** moáis, en la isla polinesia de **RAPA NUI.**

2,3 MILLONES DE BLOQUES DE PIEDRA se usaron para la **GRAN PIRÁMIDE.**

La torre Eiffel

de París, Francia, tiene **18 000** piezas de **hierro** unidas por unos **2,5 millones de remaches.**

La estatua de la Libertad

de Nueva York, Estados Unidos, tiene una altura de **46 m.** La antorcha que simboliza la libertad pesa **1600 KG.**

410 000 toneladas

de **GRANITO** se extrajeron en 1927 en el **MONTE RUSHMORE** para excavar el rostro de **4 PRESIDENTES ESTADOUNIDENSES.**

Se tardaron **8 años** en construir el **TOWER BRIDGE** de Londres. Se inauguró en **1894.**

18 MILLONES DE LADRILLOS y **475 000 AZULEJOS** se usaron en el siglo XVII para construir la **MEZQUITA DE SHAH** en Isfahán, Irán.

ANGKOR WAT

es uno de los **TEMPLOS MÁS GRANDES DEL MUNDO.** Cubre una superficie de **1,6 km²** y está en **SIEM REAP,** en **Camboya.**

La **GRAN PIRÁMIDE** es la mayor y más antigua de las **3 grandes pirámides** de **GUIZA, EGIPTO.**

80 arcos forman el exterior circular del **COLISEO DE ROMA.**

Hicieron falta más de **20 000 OPERARIOS** durante **22 AÑOS** para construir el **TAJ MAHAL** en Agra, India.

TOP 10
LOS PUENTES MÁS ALTOS

1

VIADUCTO DE MILLAU • Francia
343 M
Este gran puente de 2460 m de longitud, que cruza el valle del río Tarn, en Francia, se inauguró en el año 2004. Conecta Montpellier, en el sureste del país, con la capital, París.

2
PUENTE DE LA ISLA DE RUSSKY • Rusia
320,9 M
Es el puente atirantado más largo del mundo. Conecta la isla de Russky y la ciudad portuaria de Vladivostok.

3
PUENTE SUTONG • China
306 M
El tiempo de viaje entre las ciudades de Nantong y Shanghái se redujo en tres horas en 2008 con la apertura de este puente.

4
GRAN PUENTE DE AKASHI KAIKYŌ • Japón
298,3 M
Construido especialmente para resistir los terremotos, es el puente colgante más largo y alto del mundo.

5
PUENTE STONECUTTERS • China
298 M
En el año 2000 se convocó un concurso internacional para seleccionar el diseño del puente Stonecutters de Hong Kong.

6
PUENTE YI SUN-SIN • Corea del Sur
270 M
Toma su nombre de un famoso almirante coreano y conecta la pequeña isla de Myodo-dong con el continente.

7
PUENTE JINGYUE • China
265 M
Este puente es uno de los más de 100 que cruzan el ancho río Yangtsé de China.

8
PUENTE DEL GRAN BELT • Dinamarca
254 M
Con 254 m de altura, sus pilones son los puntos más altos de Dinamarca.

9
PUENTE DE LA AUTOPISTA ZHONGXIAN HUYU • China
247,5 M
Este puente atirantado se construyó en 2009 a 134 m de altura sobre el río Yangtsé.

10
PUENTE DE LA AUTOPISTA JIUJIANG FUYIN • China
244,3 M
Se utilizaron unas 200 000 toneladas de acero para producir los 32,2 km de cables para la construcción de este puente.

Circulación RODADA

Coches, camiones, autobuses, motos, bicicletas, patinetes eléctricos... Los vehículos con ruedas dominan la carretera. Más de 2000 millones de ellos circulan por calles y carreteras de todo el mundo.

La **BICI PLEGABLE BROMPTON FOLDING** se compone de más de **1200 piezas distintas.**

La limusina más larga, AMERICAN DREAM, medía **30,5 M** de longitud y tenía **26 RUEDAS.**

Algunas **BICIS DE MONTAÑA** tienen más de **40 marchas.**

Los **COCHES ELÉCTRICOS** no son un invento reciente. En **1902** ya habían logrado **6 récords DE VELOCIDAD.**

EL AUTOBÚS MÁS GRANDE, el Volvo Gran Artic, mide **30 M** de **LARGO** y transporta hasta a **300 pasajeros.**

La bici más ligera, la **AX-LIGHTNESS VIAL EVO ULTRA** pesa solo **4,4 KG,** menos incluso que algunos gatos.

Los **CARROS ROMANOS,** tirados por **4 caballos,** podían alcanzar los **50 KM/H.**

La **GRAN RUEDA DELANTERA** de algunos biciclos **PENNY FARTHING** tenía hasta **1,5 m** de diámetro.

En 2010, un **ATASCO DE TRÁFICO EN CHINA** alcanzó más de **100 KM** –uno de los mayores registrados– y se prolongó durante **12 DÍAS.**

Se han vendido más de **100 millones** de unidades del **SCOOTER SUPER CUB** de **HONDA,** lo que lo convierte en uno de los **VEHÍCULOS DE MOTOR MÁS VENDIDOS** del mundo.

La **primera multa** por exceso de **velocidad** la recibió el británico Walter Arnold en **1896** por circular a **13 KM/H.**

El **TOYOTA COROLLA** es el coche más vendido, con unos **48 millones** en más de **150 PAÍSES** desde que se lanzó en **1966.**

En **TODO EL MUNDO** se fabricaron en **2019** alrededor de **92,8 MILLONES** de vehículos de motor.

El **TREN DE CARRETERA MÁS LARGO** registrado tenía **1474,3 M** de longitud. Estaba formado por un **CAMIÓN MACK TITAN** que remolcaba **113 tráileres.**

La **KAWASAKI NINJA H2R** es la motocicleta autorizada para uso en carretera **MÁS RÁPIDA,** con una velocidad punta de **400 KM/H** en **26 SEGUNDOS.**

El prototipo de camión de carreras **Shockwave** está equipado con **3 motores de avión** que generan **36000 caballos** y le dan una velocidad máxima de **605 KM/H.**

En el AGUA

Desde las primeras canoas y balsas de hace más de 10 000 años, las embarcaciones son una parte importante de nuestro mundo. Hoy, miles de grandes petroleros y millones de barcos de pesca y de recreo surcan mares y océanos.

Con una **VELOCIDAD PUNTA** de **107,6 KM/H,** el *Francisco* es el **FERRY MÁS RÁPIDO** del mundo y puede llevar hasta **150** coches y **1024** pasajeros.

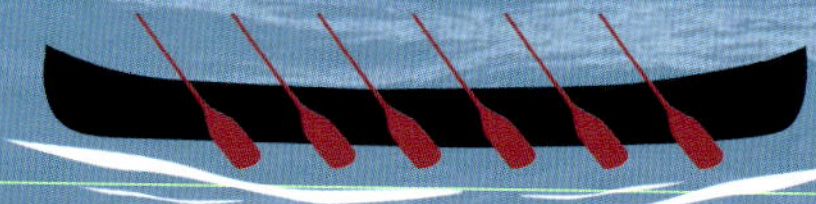

LAS PRIMERAS CANOAS DE GUERRA construidas en Fiyi tenían unos **30 M** de eslora y podían llevar a unos **200 GUERREROS.**

La **EMBARCACIÓN MÁS ANTIGUA CONOCIDA** es una **CANOA PESSE** de **3 M** de hace **10 000 años.**

El ***VESTAS SAILROCKET 2*** es el **BARCO DE VELA MÁS RÁPIDO,** con una velocidad punta de **121,2 KM/H.**

El **SUBMARINO MÁS LARGO,** el *Belgorod*, es unas **11 VECES** más largo que el primer submarino **MODERNO,** el USS *Holland* (SS-1).

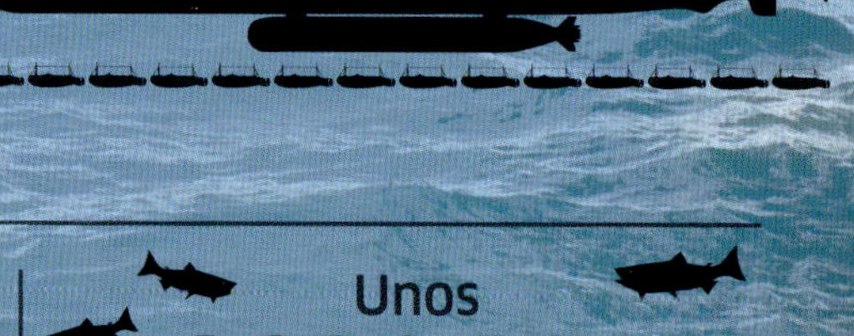

El **BUQUE DE GUERRA SUECO *VASA*** fue botado en **1628.** Se hundió a los **20 MINUTOS,** pero su pecio solo pudo recuperarse **333 AÑOS DESPUÉS.**

Unos **4 600 000** barcos están dedicados en el mundo a la **PESCA.**

Entre **1969** y **2004,** el **TRANSATLÁNTICO *QUEEN ELIZABETH 2*** cruzó el Atlántico la cifra récord de **806 VECES.**

El **MAYOR TRANSATLÁNTICO** del mundo, el *Symphony of the Seas*, tiene **362 M** de eslora y capacidad para **6680 pasajeros** y **2200 tripulantes.**

UNA LANCHA DE FÓRMULA 1 es capaz de acelerar de **0 a 160 KM/H** en solo **4 SEGUNDOS.**

El portaviones USS *George Washington* pesa **88000 TONELADAS** y puede llevar hasta **90 AERONAVES.**

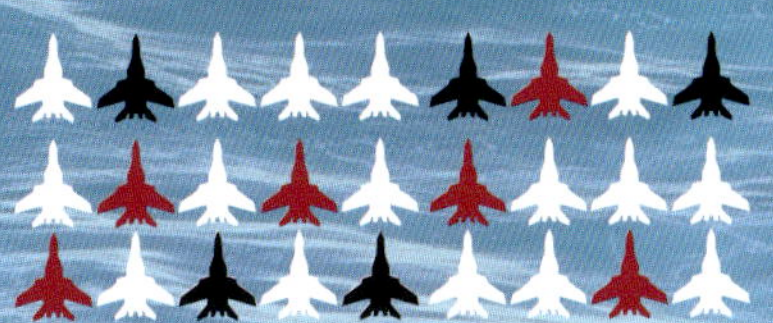

El barco japonés de la Segunda Guerra Mundial ***YAMATO*** llevaba **9 CAÑONES GIGANTES** que alcanzaban objetivos a **42 km.**

Con **400 m** de eslora, el *Ever Ace* puede transportar **23992 CONTENEDORES.** Cada contenedor podría llevar **60 NEVERAS** o **48000 plátanos.**

El **BARCO MÁS LARGO** fue el **SUPERPETROLERO** *Seawise Giant*, de **458,45 m** de longitud.

El **MS TÛRANOR PLANETSOLAR** está alimentado por **537 m²** de placas solares.

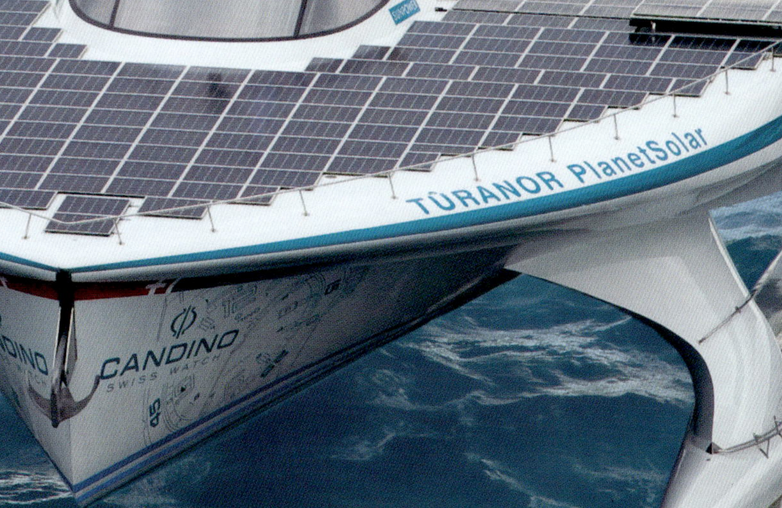

EL TRANSATLÁNTICO RMS *TITANIC* llevaba solamente **20 BOTES** para 2240 pasajeros cuando se hundió en su viaje inaugural.

Con **57 M** de eslora y **22,3 M** de manga, el **hovercraft** militar ruso ***ZUBR*** es el **más grande** y puede transportar hasta **500 PERSONAS.**

En 1768, el explorador británico **JAMES COOK** hizo un famoso viaje de **48000 km ALREDEDOR DEL MUNDO** a bordo del HMS *Endeavour*, de **30 M** de eslora.

En 1978, el australiano Ken Warby fijó el **RÉCORD DE VELOCIDAD EN EL AGUA** en **511,11 km/h** con el *Spirit of Australia*, una **LANCHA DE MADERA** que construyó en el patio de su casa.

LA **LOCOMOTORA DE VAPOR MÁS ANTIGUA QUE CIRCULÓ,** la *Puffing Billy* (1814), llevó carbón durante

48 AÑOS.

El **PRIMER FERROCARRIL SUBTERRÁNEO** se inauguró en **1863.** Llevaba **38000** pasajeros a través de Londres.

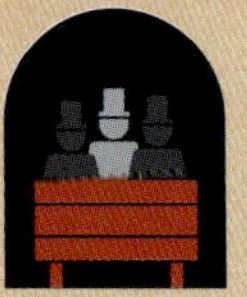

La estación **GRAND CENTRAL TERMINAL,** de nueva York, tiene **44** andenes, más que ninguna otra.

El **TREN DE LA MONTAÑA NILGIRI,** en Tamil Nadu, India, viaja solo a **10 KM/H,** así que tarda **5 HORAS** en completar su empinada ruta.

Con **5068 m** sobre el nivel del mar, la **ESTACIÓN DE TREN DE TANGGULA,** en China, es la **MÁS ALTA** del mundo.

El **TREN MÁS LARGO** tenía **682 vagones.**

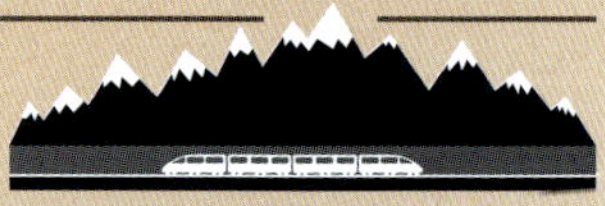

Con **57,1 km** de longitud, el **TÚNEL DE BASE DE SAN GOTARDO,** bajo los Alpes suizos, es el **TÚNEL FERROVIARIO MÁS LARGO** del mundo.

En **1869,** el **UNION PACIFIC N.º 119** transportó al vicepresidente de la compañía, Thomas C. Durant, a la **CEREMONIA** de la finalización del ferrocarril **TRANSCONTINENTAL** de Estados Unidos.

El Transiberiano recorre **9289 km** y pasa por **8 ZONAS HORARIAS.**

La **LÍNEA 2** del metro de Chongqing, en China, pasa por las plantas **6.ª**, **7.ª** y **8.ª** de un **edificio de 19 plantas.**

El mundo de los TRENES

Millones de personas se trasladan cada día en ferrocarriles, que pueden viajar por la superficie o ser subterráneos. Empezaron a conectar el mundo antes que los coches y los aviones, y transportan alrededor del 40 % de las mercancías por tierra.

El **TRAMO RECTO DE VÍA** más largo tiene **478 km** y atraviesa la **LLANURA DE NULLARBOR**, en **AUSTRALIA.**

Los británicos George y Robert Stephenson construyeron en **1825** el primer **FERROCARRIL PÚBLICO**, que recorría **43 km.**

603 km/h es la **VELOCIDAD MÁXIMA** lograda por un **TREN MAGLEV.** Este récord se estableció en Japón en **2015.**

El **1934**, la ***FLYING SCOTSMAN*** se convirtió en la **PRIMERA LOCOMOTORA DE VAPOR** que superó los **160 KM/H.**

25000 voltios de electricidad circulan por la catenaria que alimenta a los **TRENES TGV FRANCESES.**

Con **1366 M** de longitud, la estación de tren de Gorakhpur Junction, en India, tiene el **ANDÉN MÁS LARGO** del mundo.

ARSENALNA, en el metro de Kiev, en Ucrania, es la estación **MÁS PROFUNDA,** a **105,5 m** bajo tierra.

Estados Unidos tiene **293564 km** de **VÍAS DE FERROCARRIL.**

EL VUELO MÁS CORTO PROGRAMADO DURA 90 SEGUNDOS y cubre los **2,7 KM** que separan las islas escocesas de Westray y Papa Westray.

Hay **2 SUITES CON DUCHA** a bordo de cada avión A380 de Emirates.

21601,7 KM de distancia recorrió el **VUELO COMERCIAL SIN PARADAS MÁS LARGO,** que viajó desde Hong Kong hasta Londres.

El Airbus A380, el **avión de pasajeros más grande,** tiene capacidad para **853 PASAJEROS** en dos cubiertas.

Los pilotos de las **RED ARROWS** (el grupo acrobático de la British Royal Air Force) hacen volar sus aviones **A DISTANCIAS DE SOLO 1,2 M** unos de otros.

LZ 129 HINDENBURG, LA MAYOR AERONAVE CONSTRUIDA, tenía **245 M** de **LONGITUD.** En el punto más ancho tenía la altura de un **edificio de 13 plantas.**

6000000 DE PIEZAS se utilizan para construir un **BOEING 747-8.**

En **1999,** un **HELICÓPTERO MI-26** llevó **UN MAMUT CONGELADO DE 23000 AÑOS** en un **bloque de hielo de 24 toneladas** desde la tundra hasta un laboratorio en Siberia.

En **1783,** los hermanos Montgolfier realizaron **el primer vuelo tripulado** en un **GLOBO AEROSTÁTICO** en París, Francia.

El **mayor helicóptero** jamás producido, el **RUSO MIL MI-26,** tiene rotores de **32 m** de longitud.

En **1930,** la enfermera y piloto **ELLEN CHURCH** se convirtió en la **PRIMERA AZAFATA,** al volar en un avión **BOEING** de California a Illinois.

Alzar el VUELO

Desde el primer vuelo con motor en 1903, el transporte aéreo ha avanzado mucho. De los aviones de pasajeros a los cazas militares, el mundo depende de los aviones.

12 SEGUNDOS duró el **PRIMER VUELO CON MOTOR.** Lo realizaron los hermanos Wright en **1903** y recorrió una distancia de **36,6 m.**

En 2016, el ***SOLAR IMPULSE 2*** fue la primera aeronave que **VIAJÓ ALREDEDOR DEL MUNDO SIN COMBUSTIBLE LÍQUIDO.** Lo propulsaron **17248 células solares.**

110 500 000 PASAJEROS transitaron en **2019** por el **AEROPUERTO MÁS ACTIVO** del mundo, el Hartsfield-Jackson, en Atlanta, EE. UU.

EL AVIÓN DE REACCIÓN más pequeño del mundo, el **BEDE BD-5J,** mide solo **3,88 M** de **LARGO** y pesa **162,38 KG.**

Un **DC-10 AIR TANKER,** utilizado en la lucha aérea contra el fuego, puede lanzar **35 000 LITROS** de agua en solo **8 SEGUNDOS.**

TOP 10
LAS AERONAVES MÁS RÁPIDAS

1

X-15A-2 • Primer vuelo **1959**
Velocidad punta **7274 KM/H** • Longitud **15,2 M**

Este avión estadounidense propulsado por un cohete no solo es el más rápido registrado, sino también el que más alto vuela. En 1963, alcanzó el límite del espacio a 107,8 km sobre la Tierra.

2 **LOCKHEED SR-71 BLACKBIRD** • Primer vuelo **1964**
Velocidad punta **3529,6 KM/H** • Longitud **32,7 M**

Diseñado por Estados Unidos como avión espía en misiones de reconocimiento durante la Guerra Fría, el Blackbird fue el avión de reacción más rápido.

3 **MIKOYAN MIG-25 FOXBAT** • Primer vuelo **1964**
Velocidad punta **3395 KM/H** • Longitud **23,8 M**

El Foxbat soviético era el avión de combate más rápido, con dos motores capaces de generar 11 200 kg de empuje cada uno.

4 **BELL X-2** • Primer vuelo **1955**
Velocidad punta **3370 KM/H** • Longitud **11,5 M**

Conocido como «Starbuster», el Bell X-2 era un avión de investigación estadounidense que se utilizaba para investigar el impacto en las aeronaves de las velocidades extremadamente altas.

5 **LOCKHEED YF-12** • Primer vuelo **1963**
Velocidad punta **3331,5 KM/H** • Longitud **31 M**

El radar de largo alcance y los sensores infrarrojos fueron algunos de los dispositivos utilizados por el sigiloso Lockheed YF-12, un prototipo de avión de intercepción estadounidense.

6 **XB-70A VALKYRIE** • Primer vuelo **1964**
Velocidad punta **3308,8 KM/H** • Longitud **56,4 M**

Estados Unidos diseñó el largo y delgado Valkyrie para volar durante miles de kilómetros a gran velocidad, a una altura de más de 21 000 km.

7 **MIKOYAN MIG-31 FOXHOUND** • Primer vuelo **1975**
Velocidad punta **3017 KM/H** • Longitud **22,7 M**

Diseñado para volar a menor altura que el Foxbat, el Foxhound sigue activo en las fuerzas aéreas rusas. Se han producido más de 500 unidades.

8 **MCDONNELL DOUGLAS F-15 EAGLE** • Primer vuelo **1972**
Velocidad punta **3000 KM/H** • Longitud **19,4 M**

El caza americano Eagle nunca ha sido derrotado en combate aire-aire, y ha acumulado 101 victorias.

9 **GENERAL DYNAMICS F-111 AARDVARK** • Primer vuelo **1964**
Velocidad punta **2655 KM/H** • Longitud **22,4 M**

Desarrollados en Estados Unidos, sus potentes motores turbofán propulsaban los 23 300 kg del Aardvark.

10 **SUKHOI SU-27 FLANKER** • Primer vuelo **1977**
Velocidad punta **2500 KM/H** • Longitud **21 M**

Fabricado con resistentes aleaciones de titanio y aluminio, el Flanker soviético también podía operar de forma autónoma.

U.S. AIR FORCE
NASA
66672

El mundo DIGITAL

Nadie tuvo ordenador en casa hasta la década de 1970 ni teléfono inteligente hasta la de 2000. El progreso ha sido rápido desde entonces. La reducción de los circuitos electrónicos en diminutos chips de silicio ha dado lugar a una revolución digital, con miles de millones de teléfonos, ordenadores, tabletas y objetos inteligentes.

En **1976,** Apple fabricó unas **200 UNIDADES** de su primer ordenador, el **Apple 1.** Se vendían a **666,66 dólares.**

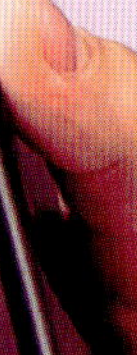

En 1843, Ada Lovelace, con **28 AÑOS,** se convirtió en la **PRIMERA PROGRAMADORA** al escribir instrucciones paso a paso para las **MÁQUINAS DE CÁLCULO** del matemático **CHARLES BABBAGE.**

Un **COCHE VOLKSWAGEN ACTUAL** está controlado por programas informáticos con más de **100 MILLONES** de líneas de código.

ENIAC, uno de los primeros ordenadores digitales **PROGRAMABLES,** pesaba **27 toneladas** y ocupaba una sala de **15 M** de largo y **9 M** de ancho.

Gunpei Yokoi, un trabajador japonés de Nintendo, diseñó la **GAME BOY,** una consola de juegos portátil, en **1989.** Se han vendido unos **118,7 MILLONES** de unidades en todo el mundo.

El primer **ORDENADOR PERSONAL,** el IBM 5150, tenía **16 KB** de memoria. Un teléfono inteligente actual tiene **32 GB, 2000000** de veces más.

Más de **50 millones de toneladas** de ordenadores obsoletos y otros productos electrónicos se **TIRAN** anualmente. Solo **UNA QUINTA PARTE** se recicla.

Los ordenadores actuales contienen **100 millones** de unas piezas diminutas llamadas transistores por cada **1 MM².**

El ordenador de a bordo del **APOLO 11** tenía **4 KB** de RAM y **72 KB** de memoria. Era menos potente que un moderno **CARGADOR DE MÓVIL.**

En 2020, el supercomputador japonés **FUGAKU** podía realizar más de **415 TRILLONES** de operaciones por segundo, **2,8 VECES** más rápido que cualquier otro ordenador.

Había aproximadamente **4660 MILLONES** de **INTERNAUTAS** en 2020, es decir, el **60 %** de la población mundial.

El primer supercomputador, **CRAY 1**, construido en **1976**, tenía **2,6 M** de ancho y unos **96 KM** de cables.

Muchos dispositivos digitales usan, para determinar su posición en la Tierra, un **SISTEMA DE POSICIONAMIENTO GLOBAL** (GPS) de **30 satélites.**

El **primer teléfono móvil,** el Motorola DynaTAC 8000X, se vendía en **1984** por **3995 DÓLARES.** Tardaba **10 horas** en cargarse y su batería permitía hablar solo durante unos **30 MINUTOS.**

En **2019** se vendieron **14 MILLONES** de dispositivos de **REALIDAD VIRTUAL** (RV) y **REALIDAD AUMENTADA** (RA).

El sueco **MARKUS PERSSON** tardó solo **6 días** en crear la **PRIMERA VERSIÓN** del juego de ordenador **MINECRAFT.**

En 2020 había unos **2,87 millones** de **APPS** en la tienda de aplicaciones de Google, y **1,96 millones** en la de Apple.

En **2020** se vendieron **1571 millones** de **TELÉFONOS INTELIGENTES.**

Un ROBOT-Rx dispensa **MÁS DE**

6000

DOSIS DE MEDICACIÓN al día y le ahorra un

90 %

de tiempo al farmacéutico.

El **ROBOT VOLADOR** Robobee X-Wing es tan pequeño que **4** pesan lo mismo que un solo **clip de papel.**

WasteShark es un **ROBOT ACUÁTICO** que recoge hasta

500 KG

de plástico y otros residuos flotantes **EN UN DÍA.**

EL ROBOT DE EXTINCIÓN DE INCENDIOS Colossus resiste temperaturas de hasta

900 °C.

En **20 años,** los robots Da Vinci Surgical System de todo el mundo han realizado un total de **MÁS DE**

5 MILLONES

DE OPERACIONES.

El robot recolector de fruta **RUBION,** de Octinion, puede cosechar hasta

360 KG

de fresas en un día,

7 VECES

MÁS QUE UNA PERSONA.

Tras viajar durante

196 DÍAS,

Saildrone fue el **PRIMER ROBOT AUTÓNOMO** que hizo un viaje alrededor de la **ANTÁRTIDA.**

iCub, un **ROBOT HUMANOIDE** de **1 m** de altura, tiene **53** motores.

La palabra **«ROBOT»** la empleó por vez primera **KAREL ČAPEK** en **1920** en su obra *R.U.R. (Robots Universales Rossum).*

En 2018, un **ROBOT ZEPHYR** voló **SIN PARAR** para establecer el récord de **25 días, 23 horas** y **57 minutos** sin repostar.

Versátiles
ROBOTS

Los robots son máquinas inteligentes que pueden moverse, notar su entorno y a veces incluso pensar por sí mismos. Pueden alcanzar niveles de fuerza y precisión que nosotros solo podemos soñar. Hoy, millones de robots trabajan en la industria, los laboratorios de investigación e incluso en el hogar.

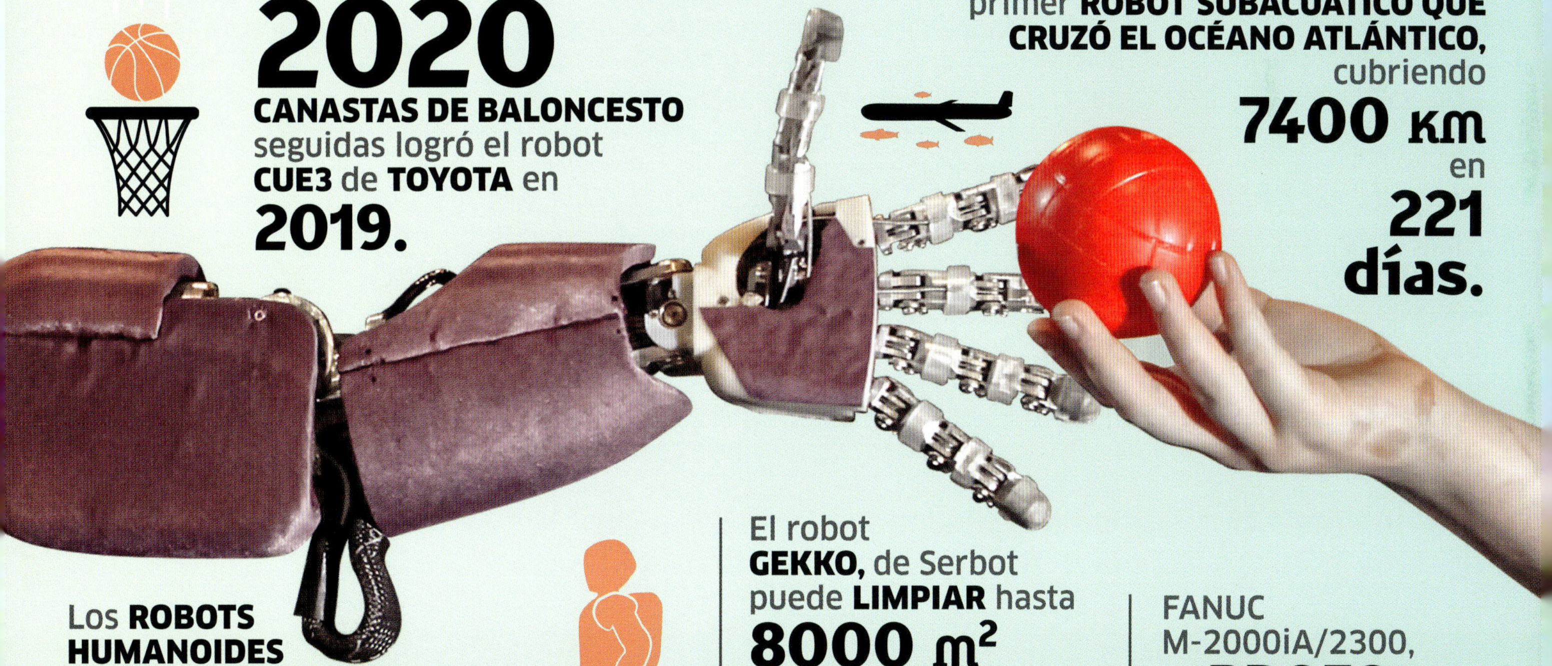

Un récord de **2020 CANASTAS DE BALONCESTO** seguidas logró el robot **CUE3** de **TOYOTA** en **2019.**

En 2009, **SCARLET KNIGHT** fue el primer **ROBOT SUBACUÁTICO QUE CRUZÓ EL OCÉANO ATLÁNTICO,** cubriendo **7400 km** en **221 días.**

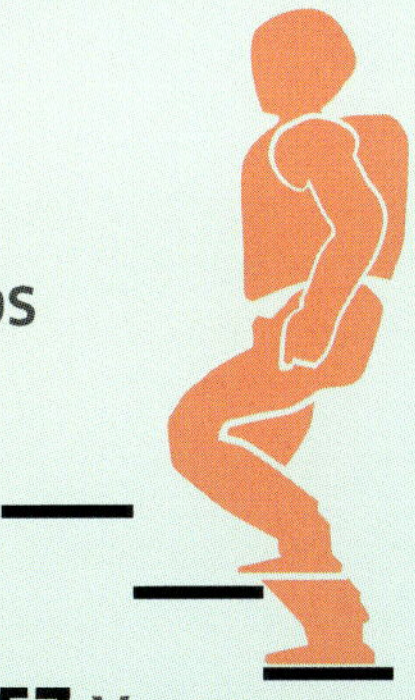

Los **ROBOTS HUMANOIDES** flexibles suelen tener unos **30 grados de libertad,** o movilidad en sus articulaciones. El ASIMO de Honda tiene **57** y el Sophia de Hanson Robotics, **74.**

El robot **GEKKO,** de Serbot puede **LIMPIAR** hasta **8000 m²** de **CRISTALES** en un día; una superficie que equivale a casi **16 CANCHAS DE BALONCESTO.**

FANUC M-2000iA/2300, el **BRAZO ROBÓTICO MÁS FUERTE** del mundo, puede levantar objetos de hasta **2300 KG** de peso.

En Japón se utilizan más de **1300** unidades de Paro, un **ROBOT BLANDO QUE RECUERDA A UNA FOCA,** en una **TERAPIA DE MASCOTAS.**

El robot IRB 6640 de ABB es capaz de realizar las **más de 4000 soldaduras** de la **CARROCERÍA** de un **COCHE** en **90 SEGUNDOS.**

GLOSARIO

Abdicar
Dejar el poder en favor de otro, como cuando un rey abdica del trono de un país.

ADN
El conjunto de las instrucciones sobre el funcionamiento de un ser vivo, que se encuentra dentro de sus células.

Acelerar
Cuando la velocidad de un objeto aumenta.

Agujero negro
Restos de una estrella colapsada. Su gravedad es tan fuerte que absorbe todo lo que lo rodea.

Aliados
Grupo de países formado por Gran Bretaña, Francia, Estados Unidos, Rusia y otros, que lucharon contra Alemania y otros países en la Segunda Guerra Mundial.

Altitud
Altura de algo sobre el suelo o sobre el nivel del mar.

Año luz
Distancia recorrida por la luz a través del espacio vacío en un año, unos 9,5 billones de km.

Artillería
Parte de un ejército formada por grandes cañones o armas de fuego.

Asedio
Ataque planificado para capturar un lugar rodeándolo y cortando el acceso a los suministros.

Atmósfera
Las capas de gas que rodean a un planeta, que se mantienen en su lugar por la fuerza de gravedad.

Átomo
La partícula más pequeña que puede existir de un elemento químico.

Bacterias
Formas de vida unicelular microscópica. Son los seres vivos más abundantes.

Banco
Grupo de peces que nadan juntos.

Batería
Productos químicos en una caja que, al conectarse a un circuito, suministra electricidad.

big bang
La teoría de cómo se formó el universo a partir de un punto hace unos 13 800 millones de años.

Bosque tropical
Bosque denso de árboles y otras plantas que recibe altas precipitaciones.

Califato
Estado bajo dominio islámico, gobernado por un califa.

Carnívoro
Criatura que obtiene energía y nutrientes principal o totalmente de comer otras criaturas.

Carroñero
Animal que se alimenta de los cadáveres de otros animales.

Cartílago
Un material duro y flexible que forma el esqueleto de algunas criaturas como los tiburones.

Célula
Una pequeña unidad de materia viva. Las células son las unidades más pequeñas de los seres vivos.

Circuito
Camino por el que puede fluir corriente eléctrica.

Circunferencia
Distancia alrededor del borde de un objeto circular.

Ciudadela
Fortaleza o edificio fortificado.

Clima
Las condiciones meteorológicas generales de una región en un largo período de tiempo.

Clorofila
Sustancia química verde de las plantas que atrapa la energía de la luz solar, que utilizan para fabricar su alimento.

Colonia
País o zona que está bajo el control de otra nación.

Continente
Una de las siete grandes masas de tierra del planeta.

Densidad
Cantidad de materia contenida en un cierto volumen.

Diámetro
Distancia a través del centro de un objeto o forma, como un círculo.

Divisa
Sistema monetario, como las monedas,

utilizado en un país o región.

Ecuador
La línea imaginaria que rodea el centro de un planeta, a medio camino entre su polo norte y su polo sur.

Elemento
Sustancia formada por un solo tipo de átomo.

Elevación
La altura sobre un determinado nivel, generalmente el nivel del mar.

Empuje
Fuerza que impulsa una aeronave o un cohete, generalmente producida por un motor.

Erosión
El desgaste, generalmente de la roca, por fuerzas naturales, como la corriente de agua.

Especie
Conjunto de seres vivos del mismo tipo que se reproducen entre sí.

Evaporación
Cuando un líquido cambia de estado para convertirse en un gas.

Evolución
Proceso de cambio a largo plazo en los seres vivos, que a menudo tiene lugar a lo largo de millones de años.

Extinto
Cuando una especie se extingue y desaparece.

Extraterrestre
Algo de fuera de la Tierra.

Faraón
Gobernante del antiguo Egipto.

Filamento
El fino hilo que se encuentra dentro de las bombillas de incandescencia y que brilla cuando la electricidad pasa a través de él.

Fitoplancton
Organismos unicelulares microscópicos que van a la deriva cerca de la superficie del océano y fabrican alimentos a partir de la luz solar.

Fósil
Restos conservados de un animal o planta prehistóricos, o la impresión de parte de ellos, incrustados en la roca durante miles o millones de años.

Fotosíntesis
Proceso por el que las plantas fabrican alimentos a partir del agua y la energía de la luz solar.

Fricción
Fuerza que frena el movimiento entre dos objetos que se rozan entre sí.

Fuerza
Empuje o tirón que hace que un objeto se mueva o detenga.

Galaxia
Una agrupación de millones o miles de millones de estrellas unidas por la gravedad.

Galera
Un tipo de barco utilizado por los romanos.

Géiser
Un manantial de agua caliente que, a veces, lanza una alta columna de agua y vapor al aire.

Glándula
Conjunto de células en el cuerpo de los animales que crea y libera sustancias, como la saliva o el sudor.

GPS (Sistema de posicionamiento global)
Sistema que utiliza satélites para conocer la ubicación exacta de un objeto en la Tierra.

Gravedad
Fuerza de atracción en todo el universo que mantiene a los planetas en órbita e impide que los objetos de la Tierra salgan flotando al espacio.

Hábitat
El entorno natural en el que vive un animal.

Hectárea
Medida de superficie igual a 10 000 m^2.

Hibernar
Pasar el invierno en estado de reposo, un poco como un sueño profundo.

Hongos
Reino de los seres vivos, como las setas, que se reproducen formando células diminutas llamadas esporas y se alimentan de materia en descomposición.

Ictiosaurio
Un tipo de reptil marino prehistórico que se parecía a un delfín moderno.

Imperio bizantino
Imperio formado a partir de la mitad oriental del Imperio romano en el año 330 d. C., que luego se expandió a otras regiones.

Importar
Traer bienes o servicios al país.

Independencia
El acto de liberarse del control de otra persona o país. Un país que se independiza es gobernado por su propio gobierno.

Internet
Una red mundial de ordenadores que les permite comunicarse y enviar información.

La Meca
Ciudad de Arabia Saudí considerada la más sagrada del islam y a la que los creyentes musulmanes van en peregrinación anual.

Láser
Dispositivo que emite un haz estrecho y concentrado de luz monocolor.

Latitud
Distancia del norte o del sur del ecuador a que está algo.

Lava
Roca caliente y fundida procedente de la profundidad de la Tierra que sale a la superficie por un volcán o por algún otro respiradero.

Locomotora
Vehículo propulsado por motores de vapor, eléctricos o diésel que suele utilizarse para tirar de vagones en una línea ferroviaria.

Magnitud
El tamaño o la extensión de algo.

Mamífero
Tipo de animal de sangre caliente con columna vertebral. Los mamíferos producen leche para alimentar a sus crías.

Masa
La cantidad de materia que contiene un objeto.

Megabytes (MB)
Medida de memoria o capacidad de un ordenador que equivale a un millón de bytes (unidad de memoria estándar).

Migración
Un viaje de larga distancia, a menudo estacional, realizado por un animal para encontrar comida o llegar a las zonas de reproducción.

Miligramo
Una unidad de peso que equivale a la milésima parte de un gramo.

Mineral
Sustancia sólida que se encuentra de forma natural en la Tierra, ya sea como un solo elemento o bien como la mezcla de diferentes elementos.

Molécula
Grupo de elementos unidos entre sí, como el agua (formada por los elementos hidrógeno y oxígeno).

Molusco
Animal con cuerpo blando y a menudo con caparazón. Los moluscos incluyen grupos como los caracoles, los pulpos y las almejas.

Momificación
Proceso de conservación de un cadáver para evitar que se descomponga.

Monolito
Un solo bloque de piedra, generalmente con forma de pilar o monumento.

Mosaico
Imagen o diseño decorativo hecho con pequeños trozos de piedra o azulejos coloreados.

Nanómetro
Medida de longitud que equivale a la milmillonésima parte de un metro.

Nervio
Un haz de fibras formado por células nerviosas que transportan señales por el cuerpo.

Newton (N)
Medida de fuerza.

ONU
Organización de las Naciones Unidas. Se encarga de ayudar a mantener la paz y la estabilidad y asistir a los más vulnerables en todo el mundo.

Órbita
La trayectoria de un objeto alrededor de otro más masivo.

Organismo
Un ser vivo, como un animal, una planta o un hongo.

Órgano
Parte del cuerpo formada por muchas células y responsable de una función

corporal específica, como el estómago.

Paseo espacial
Actividad de un astronauta fuera de una nave espacial, normalmente para reparar o mantener el equipo.

Placa solar
Dispositivo que convierte la energía del Sol en electricidad.

Plesiosaurio
Tipo de reptil marino prehistórico de manos y pies palmeados, cola corta y cuello largo.

Polución
Productos de desecho que llegan al aire, al agua o a la tierra, y que dañan el medio o perjudican a los seres vivos.

Presa
Una criatura que es cazada por otra para comérsela.

Prototipo
La primera versión o un ejemplo de un objeto o máquina, a menudo construido para probar una invención o idea.

Protozoos
Grupo de organismos unicelulares más grandes que bacterias.

Pterosaurio
Un reptil volador prehistórico.

Pueblos indígenas
Personas que vivían en una zona antes de que llegaran los colonizadores.

Punto de ebullición
La temperatura a la que un líquido puede convertirse en vapor o gas.

Punto de fusión
La temperatura a la que un sólido puede fundirse y convertirse en líquido.

Reciclaje
El proceso por el que los materiales de desecho se convierten en nuevos materiales y otros objetos útiles.

Red
Conexión entre dos o más ordenadores que les permite comunicarse.

Renacuajo
Rana o sapo joven antes de que se desarrolle del todo.

Renovable
Recurso que no se puede agotar. Entre las fuentes de energía renovables están la eólica y la solar.

Retina
Capa de células sensibles a la luz que está en la parte posterior del ojo.

Sintético
Material o sustancia hecha por el hombre que no está presente en la naturaleza.

Sistema solar
Los planetas, lunas, planetas enanos, asteroides, polvo y objetos que orbitan alrededor del Sol.

Sultán
Gobernador islámico de un lugar.

Supernova
El final destructivo y explosivo de una gran estrella, que dispersa su materia por el espacio.

Tonelada
Unidad de peso que equivale a 1000 kg.

Toxina
Sustancia venenosa creada por algunos organismos.

Traslúcido
Que deja pasar parte de la luz, pero no toda.

Tratado
Acuerdo entre países u organizaciones internacionales, a menudo para poner fin a los conflictos.

Tsunami
Enorme ola causada por los movimientos de la Tierra, como un terremoto.

Veneno
Toxina que segregan criaturas como algunas serpientes.

Virus
Paquete de sustancias químicas capaces de reproducirse infectando las células de los seres vivos.

Volumen
La cantidad de espacio que ocupa una sustancia u objeto.

ÍNDICE

Los números en **negrita** indican las páginas con más información sobre el tema.

D

E

F

G

I

J

R

S

T

U

V-W

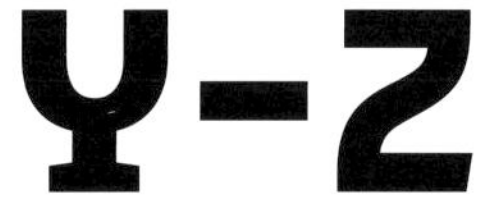

AGRADECIMIENTOS

Los editores agradecen a las siguientes personas su ayuda para la realización de este libro:
Elizabeth Wise por el índice; Hazel Beynon por la revisión; Hazel Beynon, Michelle Crane y Jenny Sich por la edición adicional; Sahrish Hadia por la revisión de datos; Heather Wilcox por la edición del texto de Estados Unidos; Steve Crozier por el retoque creativo; Simon Mumford por la cartografía y el diseño 3D; Sarah Hopper por la documentación gráfica adicional; Giles Sparrow por la revisión del capítulo del espacio; John Farndon por la revisión del capítulo de la Tierra; Richard Dearden por la revisión del capítulo de la naturaleza; Philip Parker por la revisión del capítulo de historia; Emily Wren y Rodger Bridgman por la revisión del capítulo de ciencia y tecnología, y Flora Spens por la comprobación adicional de datos.

Créditos de las imágenes

Los editores quieren agradecer a los siguientes por su permiso para la reproducción de sus fotografías:

(Clave: a: arriba; b: bajo/debajo; c: centro; d: derecha; i: izquierda; s: superior)

4 123RF.com: mihtiander (c). **NASA:** (t). **5 agefotostock:** Morales (si). **Alamy Stock Photo:** blickwinkel (ci). **© The Trustees of the British Museum. Todos los derechos reservados:** (sd). **Getty Images:** Oli Scarff (cd). **9 NASA:** (astronaut); NASA, ESA and the Hubble Heritage Team (STScI / AURA) (fondo). **10-11 NASA:** NASA, ESA and the Hubble Heritage Team (STScI / AURA). **12-13 Getty Images / iStock:** bjdlzx. **14-15 NASA:** Gene Cernan. **16-17 NASA:** Imagen enriquecida por Kevin M. Gill (CC-BY) a partir de imágenes proporcionadas por cortesía de la NASA / JPL-Caltech / SwRI / MSSS. **18-19 NASA. 20-21 NASA. 22-23 NASA. 25 123RF.com:** mihtiander (árbol). **James Smart:** (fondo). **26-27 NASA. 28-29 Getty Images:** Daniel Bosma. **30-31 Getty Images / iStock:** livetalent. **32-33 Getty Images:** Jim Sugar. **34-35 Minden Pictures:** Jeff Foott. **36-37 Getty Images:** Mint Images / Art Wolfe. **38-39 Getty Images / iStock:** alexandrumagurean. **40-41 Dreamstime.com:** Frhojdysz. **42-43 Getty Images:** Anna Serdyuk. **44-45 Dreamstime.com:** Darryn Schneider. **46-47 James Smart. 49 agefotostock:** Morales (mono). **Getty Images:** Manoj Shah (fondo). **50-51 Dorling Kindersley:** Gary Ombler / Senckenberg Gesellschaft Für Naturforschung Museum. **52-53 Science Photo Library:** Steve Gschmeissner. **54-55 Dreamstime.com:** Marcouliana. **56-57 Dreamstime.com**: Neal Cooper. **58-59, 60-61 Getty Images:** by wildestanimal. **62-63 Getty Images:** kuritafsheen. **64-65 Getty Images:** Joe McDonald. **66-67 iStock:** Adrian Coleman. **68-69 Minden Pictures:** Thomas Marent. **70-71 iStock:** Ondrej Prosicky. **72-73 Alamy Stock Photo:** Maria Hoffman. **74-75 Getty Images:** Sergei gladyshev. **76-77 agefotostock:** Morales. **78-79 Getty Images:** Manoj Shah. **80-81 iStock:** master1305. **82-83 Getty Images:** Penelope Grasshoff / EyeEm; Wera Rodsawang (fondo). **86-87 Alamy Stock Photo:** Papilio. **89 Alamy Stock Photo:** blickwinkel (danza). **Getty Images:** Dhwee (fondo). **90-91 Alamy Stock Photo:** Gavin Hellier. **96-97 Getty Images:** Dhwee. **98-99 iStock:** TommL. **100-101 Getty Images:** TorriPhoto (fondo). **David Svensson:** Home of the World / Världens hem, 2016 / © David Svensson / © DACS 2021. **102-103 iStock:** wind-moon. **104-105 iStock:** Nick-Ferreira. **106-107 Shutterstock.com:** Kunal Mahto. **108-109 Getty Images:** Heritage Art / Heritage Images. **110-111 Alamy Stock Photo:** blickwinkel. **112-113 Alamy Stock Photo:** Xinhua. **114-115 iStock:** danr13. **116-117 iStock:** Ryan McVay. **120-121 Getty Images:** Francois-Xavier Marit / AFP. **122-123 Alamy Stock Photo:** Per Grunditz. **124-125 Shutterstock.com:** Photoongraphy. **126-127 Alamy Stock Photo:** ZUMA Press. **129 © The Trustees of the British Museum. Todos los derechos reservados:** (máscara). **Getty Images:** Mint Images (fondo). **130-131 Getty Images:** Mint Images (fondo). **131 Getty Images:** Universal History Archive / Universal Images Group. **132-133 Getty Images:** Andi Fink / 500px. **134-135 Dreamstime.com:** Sofiaworld. **136-137 © The Trustees of the British Museum. Todos los derechos reservados. 138-139 Dreamstime.com:** Sean Pavone. **140-141 AWL Images:** Jane Sweeney. **144-145 Getty Images:** Universal History Archive / Universal Images Group. **147 Bridgeman Images:** Norwich Castle Museum & Art Gallery. **148-149 Alamy Stock Photo:** funkyfood London - Paul Williams. **151 iStock:** Aleksandra Malysheva (fondo). **Getty Images:** Oli Scarff (brazo robótico). **152-153 Dorling Kindersley:** Ruth Jenkinson / RGB Research Limited. iStock: natthanim (fondo). **154-155 AWL Images:** ClickAlps. **156-157 iStock:** travelview. **158-159 Alamy Stock Photo:** robertharding. **160-161 Getty Images:** Beau Van Der Graaf / EyeEm. **162-163 iStock:** hakinci. **164-165 Alamy Stock Photo:** ACORN 1. **166-167 Dreamstime.com:** Sergii Kolesnyk. **168-169 Alamy Stock Photo:** imageBROKER. **170-171 iStock:** maiakphotography. **172-173 Getty Images:** Philippe Petit / Paris Match. **174-175 Getty Images:** Scott T. Smith. **176-177 Alamy Stock Photo:** Sean Bolton. **178-179 NASA. 180-181 iStock:** Aleksandra Malysheva (fondo). **Shutterstock.com:** UfaBizPhoto. **182-183 Getty Images:** Oli Scarff

Imágenes de la cubierta: *Frontal de cubierta:* **123RF.com:** bolina sd; **© The Trustees of the British Museum. Todos los derechos reservados:** bd; **Dreamstime.com:** Chernetskiy si; **Shutterstock.com:** Dirk Ercken bi; *Contracubierta:* **123RF.com:** leonello calvetti sc; **Alamy Stock Photo:** ZUMA Press bi; **Dreamstime.com:** Valentyn75 bd; *Lomo:* **Shutterstock.com:** Dirk Ercken

Resto de las imágenes:
© Dorling Kindersley
Para más información, ver:
www.dkimages.com